西方公共部门
领导力研究的知识图谱

XIFANG GONGGONG BUMEN
LINGDAOLI YANJIU DE ZHISHI TUPU

张 璇 / 著

项目策划：何　静
责任编辑：谢正强
责任校对：王　静
封面设计：墨创文化
责任印制：王　炜

图书在版编目（CIP）数据

西方公共部门领导力研究的知识图谱/张璇著. —成都：四川大学出版社，2019.4
ISBN 978-7-5690-2865-2

Ⅰ.①西… Ⅱ.①张… Ⅲ.①公共部门－行政管理－研究－西方国家－图谱 Ⅳ.①D523-64

中国版本图书馆CIP数据核字（2019）第071532号

书名	西方公共部门领导力研究的知识图谱
著　者	张　璇
出　版	四川大学出版社
地　址	成都市一环路南一段24号（610065）
发　行	四川大学出版社
书　号	ISBN 978-7-5690-2865-2
印前制作	石　慧
印　刷	成都金龙印务有限责任公司
成品尺寸	170mm×240mm
印　张	11
字　数	192千字
版　次	2021年8月第1版
印　次	2021年8月第1次印刷
定　价	45.00元

版权所有　◆　侵权必究

◆ 读者邮购本书，请与本社发行科联系。
　电话：(028)85408408/(028)85401670/
　(028)86408023　邮政编码：610065
◆ 本社图书如有印装质量问题，请寄回出版社调换。
◆ 网址：http://press.scu.edu.cn

四川大学出版社
微信公众号

前 言

与自然科学研究可以反复试验不同，社会科学研究没有实验室，因此必须重视已有的历史积淀和文献资料，需要通过比较研究、文献研究、个案研究、元研究等方式，探索某个特定学科、某些特定议题的发展演化。

在过去半个多世纪的历史发展中，作为社会科学学科的领导学研究经历了从无到有、从小到大、从弱到强的进阶过程，西方许多学者在这个领域中开展了大量的浸入式交叉型研究，推动西方的领导学学科体系建构取得长足进步。伴随着社会发展的现实需求，在领导学学科知识体系中，一个新的研究方向——公共部门领导力研究正在快速成长。在2008年全球经济危机爆发之后，领导力甚至被推崇为政府成败的关键变量，领导力成为远比其他变量重要得多的核心抓手。西方领导学学科经历了什么样的发展变化？如何界定公共部门领导力？公共部门领导力研究正处于什么样的状态？本研究尝试利用信息可视化及其大数据处理方式对大量西方领导学研究文献绘制科学知识图谱，全面展示和深度挖掘、回溯领导者与追随者的关系、领导力的特征要素、公共部门领导力的动态演化。

党的十八届三中全会提出，全面深化改革的总目标是完善和发展中国特色社会主义制度，推进国家治理体系和治理能力现代化。十九大报告进一步强调，在加强和创新社会治理领域，要建立共建共治共享的社会治理格局。公共部门领导力是国家治理能力的组成部分，公共部门领导力建设是提升国家治理能力的重要内容。当前我国公共部门领导者在推动国家社会经济发展和实现良性的社会治理方面面临着巨大压力和挑战，而公共部门领导者能否大幅提升领导力、有效发挥领导力，直接关系到我国全面小康社会建设、服务型政府建设的成败，关乎我国能否顺利实现"两个一百年"奋斗目标和中华民族伟大复兴的中国梦。基于此，本研究旨在全面了解和系统梳理西方公共部门领导力研究的前沿主题及发展趋势，发掘相关研究中的有益经验，弥补我国同类研究的不足，进而为我国公共部门领导力发展、提升提供智力支撑。

信息可视化技术是近年来在科学计量学领域兴起的一种研究方法，我们将信息可视化技术和科学计量学的相关知识引入本研究，借助引文分析、聚类分析和科学知识图谱等分析方法，基于信息可视化工具 Citespace 绘制领导学及公共部门领导力研究领域的科学知识图谱，廓清该学科知识领域的演进过程和主题研究前沿热点。

为了全面了解 21 世纪西方公共部门领导力研究的基本现状、知识结构、主题维度、热点前沿和进阶过程，本研究选定领导学学科的国际核心期刊和西方领导学相关主题的研究成果作为数据来源，主要对在美国科学情报研究所（Institute for Scientific Information，ISI）的 Web of Science 核心合集数据库中检索到的大量文献数据进行可视化分析，并基于此绘制了西方领导学及西方公共部门领导力研究的知识图谱，展示了西方领导学及公共部门领导力研究的主干理论的动态知识结构及其不同发展阶段的主题变化；利用信息可视化工具及其算法，绘制和分析了研究主题的主干理论演进的关键路径图谱，从中观角度梳理了西方领导学及其公共部门领导力核心研究成果的关键演进路径。本研究将信息可视化的新研究方法运用于对公共部门领导力研究的热点主题和前沿分析，绘制系列西方公共部门领导力研究的知识图谱，以图文并茂的形式，梳理归纳和提炼总结西方学者在这个领域的研究成果。同时，在文献共被引网络图谱和关键词共现网络图谱的基础上，利用文献二次检索的方法，通过分析核心文献和关键词及其形成的文献聚类图谱，探索西方公共部门领导力发展的演化规律，勾勒西方公共部门领导力研究的图景全貌。

具体来讲，本研究在基本现状上，对西方公共部门领导力研究的年代增长、主流期刊、国家分布、合作情况进行了全面分析。在知识来源与理论基础上，引入共被引作者分析，获得了多个不同的作者群体聚类；引入共被引文献分析，获得了若干个经典文献聚类；引入共被引期刊分析，获得了若干重要研究平台等数据。在演化路径上，引入时区视图，对公共部门领导力研究的四个不同阶段进行了梳理归纳，并从宏观上分析了相关主题研究的演进态势。在热点前沿上，引入共词网络分析，挖掘出六大主题维度——公共部门领导力的内涵、属性、地位、边界及未来方向，公共部门领导力的培养计划及领导风格研究，公共部门领导力的研究分类、实践运用，公共部门领导力的有效性、绩效评估及能力测评，公共部门的组织领导力及参与、扩散问题，公共部门领导力研究的基础理论及理论创新。在以上分析基础上，进一步概括了西方公共部门领导力研究的四个主要结论，结合所得结论和现实需求，从七个方面分析并提出了我国干部人事制度改革的相关建议，最后从四个方面展望了未来研究的方向。

2000年以来我国领导学研究尤其是公共部门领导力研究取得了长足发展，但是与国外尤其是西方国家相比还有不小的差距。他山之石，可以攻玉。对西方公共部门领导力的研究有助于把握西方学术前沿的主流趋势，有助于提升我国学科体系的建设水平，有助于推动我国领导学研究的快速发展。

本书是笔者一段时间以来对公共部门领导力研究的心得认识。在硕士论文《西方公共部门领导力研究的趋势与热点研究》基础上，笔者做了大量的文献研究，拓展充实了新的研究内容。书中观点和结论只是笔者的一孔之见。尽管笔者用心撰写、修改和校对，但是由于语言水平、知识能力的限制，书中难免错误或者疏漏之处，恳请读者和专家学者不吝指正。

目 录

第一章 绪 论 (1)
  第一节 问题提出与研究意义 (1)
    一、问题提出 (1)
    二、研究意义 (2)
  第二节 研究设计 (3)
    一、研究思路 (3)
    二、研究方法 (5)
    三、研究的创新点 (5)

第二章 国内外研究综述 (7)
  第一节 重要概念解析 (7)
    一、领 导 (7)
    二、公共部门 (8)
    三、公共部门领导力 (9)
  第二节 关于领导学学科演进的研究 (10)
    一、国外领导学学科演进的研究 (10)
    二、国内领导学学科演进的研究 (14)
  第三节 关于公共部门领导力演进的研究 (15)
    一、国外公共部门领导力演进的研究 (15)
    二、国内公共部门领导力演进的研究 (19)
  第四节 关于知识图谱技术与应用的研究 (21)

第三章 分析工具与数据选择 (23)
  第一节 信息可视化与科学知识图谱 (23)
    一、信息可视化概述 (23)
    二、科学知识图谱概述 (26)
  第二节 Citespace 及其应用 (28)

第三节 学科知识领域可视化的路径 ………………………… (33)
  第四节 数据来源及其标准化处理 ………………………… (34)
    一、数据来源 …………………………………………… (35)
    二、数据标准化处理 …………………………………… (37)

第四章 西方领导学研究的热点主题 ……………………………… (38)
  第一节 西方领导学学科的代表学者 ……………………… (38)
  第二节 西方领导学学科的理论基础及其演化 …………… (43)
  第三节 西方领导学研究的前沿热点 ……………………… (51)
    一、变革型领导 ………………………………………… (52)
    二、魅力型领导 ………………………………………… (56)
    三、共享领导 …………………………………………… (59)
    四、团队与领导 ………………………………………… (64)
    五、破坏型领导 ………………………………………… (67)
    六、追随者研究 ………………………………………… (69)
    七、公共领导 …………………………………………… (74)
    八、服务型领导 ………………………………………… (78)
    九、其他热点 …………………………………………… (80)

第五章 西方公共部门领导力研究的热点主题 …………………… (91)
  第一节 西方公共部门领导力研究的基本现状 …………… (91)
    一、西方公共部门领导力研究的年代分布 …………… (91)
    二、西方公共部门领导力研究的主流期刊 …………… (93)
    三、西方公共部门领导力研究的国家分布 …………… (94)
    四、西方公共部门领导力研究的合作情况 …………… (95)
  第二节 西方公共部门领导力研究的知识基础 …………… (96)
    一、西方公共部门领导力研究的共被引作者分析 …… (96)
    二、西方公共部门领导力研究的共被引文献分析 …… (103)
    三、西方公共部门领导力研究的共被引期刊分析 …… (106)
  第三节 西方公共部门领导力研究的演化路径 …………… (109)
    一、1997—2002年西方公共部门领导力研究的演化 … (110)
    二、2003—2008年西方公共部门领导力研究的演化 … (111)
    三、2009—2013年西方公共部门领导力研究的演化 … (113)

四、2014—2018年西方公共部门领导力研究的演化………………（116）
　　五、近二十年西方公共部门领导力研究的整体演化………………（118）
　第四节　西方公共部门领导力研究的主题维度……………………（120）
　　一、西方公共部门领导力的内涵属性及未来方向…………………（122）
　　二、西方公共部门领导力的培养提升及风格研究…………………（124）
　　三、西方公共部门领导力的主要类型及实践运用…………………（127）
　　四、西方公共部门领导力的有效性及能力测评……………………（128）
　　五、西方公共部门领导力的组织参与及创新扩散…………………（130）
　　六、西方公共部门领导力的知识来源及理论创新…………………（133）

第六章　研究结论与研究展望………………………………………（138）
　第一节　研究结论……………………………………………………（138）
　　一、信息可视化工具应用的研究结论………………………………（138）
　　二、西方领导学演进的研究结论……………………………………（139）
　　三、西方公共部门领导力现状的研究结论…………………………（140）
　　四、西方公共部门领导力热点主题的研究结论……………………（141）
　第二节　对我国干部人事制度改革的启示…………………………（142）
　第三节　研究不足与研究展望………………………………………（147）
　　一、研究不足…………………………………………………………（147）
　　二、研究展望…………………………………………………………（148）

结　语……………………………………………………………………（151）

附　录……………………………………………………………………（153）
　附录1　真诚型领导与真诚型追随者框架图…………………………（153）
　附录2　领导力测评维度表……………………………………………（154）
　附录3　破坏型领导测量模型…………………………………………（155）
　附录4　公共领导绩效信息表…………………………………………（156）

参考文献…………………………………………………………………（157）

第一章 绪 论

第一节 问题提出与研究意义

一、问题提出

古人云:"治天下惟以用人为本,其余皆枝叶事耳。"选人用人,自古以来关乎人心向背、社稷安危、政权存亡。在我国推进治理能力与治理体系现代化的大背景下,要提升我国公共部门社会治理能力、创新社会治理方法,必须以提高我国公共部门领导力为基础。公共部门领导力的内核依托于广大公共部门的领导者、管理者。我国公共部门领导人才与管理人才、领导者与追随者,都是推动国家改革、制度建设、社会发展的重要参与者,是党和政府执政能力、领导能力、管理能力的重要体现。为了更好地应对全球化与逆全球化冲突带来的不确定性、风险性,公共部门尤其是政府部门必须拥有更强大的领导力。公共部门领导力水平,直接影响着国家发展、社会稳定、人民生活。因此,当前公共部门领导力研究日益受到各界的关注和重视。通过公共部门领导力研究,挖掘公共部门领导力的影响因素、提升措施,打造良性的公共部门领导力生态,提升社会治理能力水平正在成为公共部门及社会各界追求的目标。

西方在领导学学科建设以及公共部门领导力研究领域起步较早、发展较快,取得了一大批成熟的研究成果。尤其是近二十年,在公共部门领导力研究领域,欧美学者将领导实践与领导理论相结合,提出了很多新型的领导范式、热点问题,将公共部门领导力研究推向"丛林"阶段。这些理论与实证研究中,有许多可供我国借鉴参考的宝贵经验,如何有效地研究和发掘这些宝贵经验已经是我们面临的一项新课题。

在我国,公共部门领导活动从经验走向科学,经历了一个漫长的过程,当前正处于领导力科学化、规范化的关键时期,如何更加科学地提升公共部门领导力，强化公共部门领导者的能力素质，是新时期中共中央全面深化改革、转变政府职能的一项战略任务。十九大报告指出，社会主要矛盾已经由"人民日益增长的物质文化需要同落后的社会生产之间的矛盾"转化为"人民日益增长的美好生活需要和不平衡不充分的发展之间的矛盾"。为了有效回应现实需求，解决社会的新矛盾，党中央提出要建立共建共治共享的社会治理格局。十八届三中全会提出：全面深化改革的总目标是完善和发展中国特色社会主义制度，推进国家治理体系和治理能力现代化。强调加快转变政府职能，构建有效的政府治理体系。政府部门作为我国公共部门的重要组成部分，必须以提升公共部门领导力水平为出发点，以强化干部人事制度改革为重点，在综合平衡中全面强化社会治理能力，最终实现以美好生活为导向的全社会的善治目标。

基于此，本研究依托现代信息可视化技术，运用文献计量统计分析方法，以西方公共部门领导力研究文献为样本，绘制系列科学知识图谱，全面展现西方相关研究的图景全貌，以及西方公共部门领导力研究的发展轨迹，揭示其演进规律，挖掘其前沿热点，为我国公共部门领导力研究开展提供一定参考，为促进我国公共部门领导活动的科学化提供有益借鉴。

二、研究意义

（一）理论意义

首先，研究西方公共部门领导力的演进及其发展趋势，将推动我国公共部门领导力的相关理论研究，尤其是在研究方法、研究内容和研究形式等方面的范式转化，丰富和完善国内领导学和公共领导学的框架体系与内容基础，并构建起公共领导学的理论基础。其次，加强对于西方公共部门领导力的相关研究，对于领导学与公共领导学的学科构建与完善具有积极意义，特别是对于完善公共领导学的学科内容和构建公共领导学的学科体系具有强力的推动作用。最后，从整体上把握西方公共部门领导力的发展规律、研究热点与演进趋势，有利于实现学科内容的更新与创新，并为我国的公共部门管理与建设、行政体制改革与创新、公共部门干部与人才的培养与教育提供理论支持，进而提高我国公共部门的领导力、执行力和创新力。

（二）实践意义

科学的宏观调控、有效的政府治理，是发挥社会主义市场经济体制优势的内在要求。必须切实转变政府职能，深化行政体制改革，创新行政管理方式，增强政府公信力和执行力，建设法治政府和服务型政府。对近二十年西方公共部门领导力学术成果的实证研究，从宏观和微观层面分析西方公共部门领导力发展的历史脉络、基础模式与研究方法，为我国全面正确履行政府职能、优化政府组织结构提供实践指导。第一，研究西方公共部门领导力研究的相关理论与实践，为我国公共部门尤其是政府部门领导干部领导力的培养提供借鉴，有利于提升我国公共部门领导干部的领导力，尤其是有利于提升其思想境界、理论视野、个体素质和领导能力。第二，研究西方公共部门领导的相关学术成果，借鉴西方有关公共部门领导力培育与发展的相关经验，并结合我国自身国情，形成一套适合我国的公共部门领导力培养方案与体系，能促进公共部门尤其是政府部门领导活动的科学化与现代化，推进我国公共部门领导人才培养的专业化，促进人才在实践中创新，从而提升公共部门的工作效率和质量。

第二节　研究设计

一、研究思路

本书共分六章：从问题提出和选题依据谈起，阐述本选题的研究设计，确定文章的研究方法和研究思路，从三个角度归纳主要创新点（第一章"绪论"）。综述国内外研究，在界定相关重要概念的基础上，继而分别介绍了国内外领导学学科演进情况、国内外公共部门领导力演进情况和国内外知识图谱技术与应用情况，并进行相关研究的述评（第二章"国内外研究综述"）。再进一步阐述分析工具与数据选择（第三章"分析工具与数据选择"），并以SSCI近二十年内收录的专业排名第一的领导学专业期刊《领导学季刊》（*Leadership Quarterly*）共1130篇论文为数据支撑，绘制西方领导学的知识图谱，探讨西方领导学研究的演化与前沿（第四章"西方领导学研究的热点主题"）。在此基础上，以SSCI（1997—2018）核心数据库收录的320篇专门研究公共部门领导力的文献为数据支撑,阐述近二十年西方公共部门领导力研究的基本状况、理论基础、演化趋势,并通过共词分析、共被引文献分析、多重聚类结构分析等方法,识别和挖掘西方公共部门领导力研究的主题维度和前沿热点(第五章"西方公共部门领导力研究的热点主题")。最后,得出全文研究结论,分析研究中的不足,并对未来研究提出展望(第六章"结论与展望")。

本书的具体研究框架如图1-1所示:

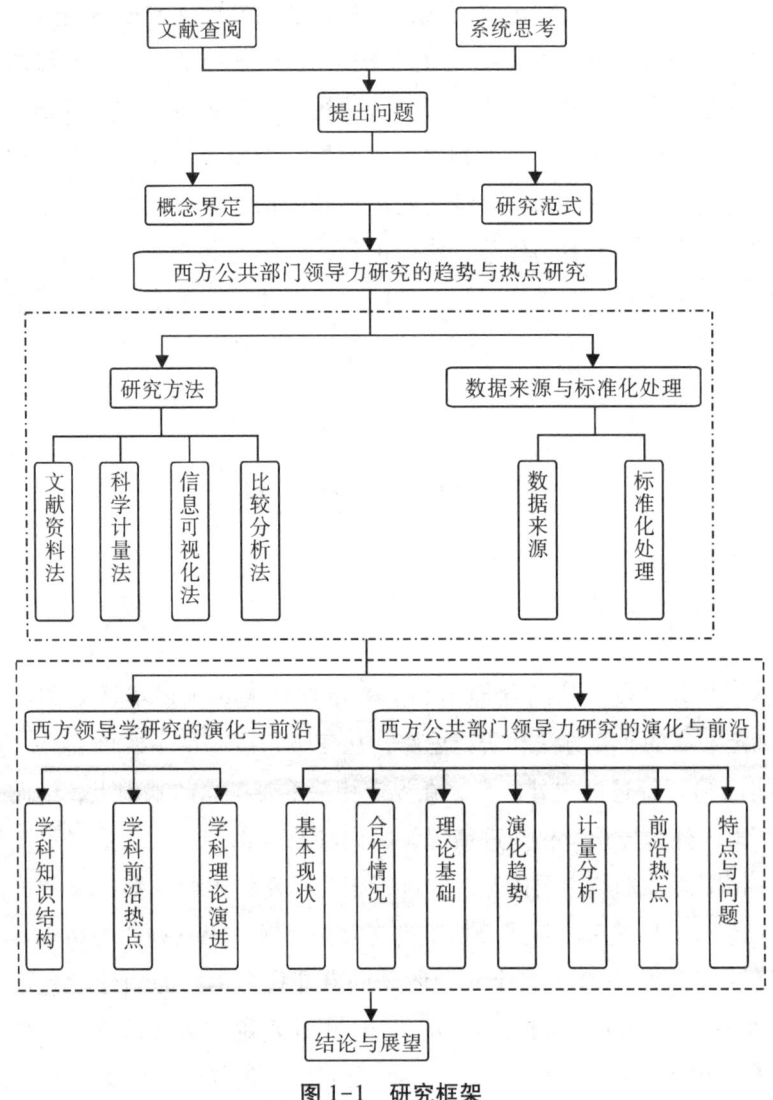

图1-1 研究框架

二、研究方法

本书采用定性研究与定量研究相结合、文献研究与比较研究相结合的研究方法。在研究中，以定量研究为主，定性研究为辅，结合定量研究结果，进行定性分析，从而验证结论。

（1）文献研究法。通过整理和阅读相关文献，形成对西方领导学和公共部门领导力研究的认识，并分析西方公共部门领导力的演进和发展趋势。

（2）科学计量法。科学计量学方法是一种定量研究方法，是运用数学计量方法统计并分析科学研究的成果，进而描述科学体系的结构的一种方法。本研究主要采用其中的引文分析法、共被引分析法、词频分析法和共词分析法。

（3）信息可视化法（Information Visualization）。信息可视化法是一种利用信息可视化软件和动态的图像信息，展示出某一学科领域的研究成果，分析研究的演化趋势与路径，预测研究的热点与前沿的科学计量法。本文采用的是 Citespace 可视化分析。

（4）比较分析法。对 SSCI 数据库收录的关于西方公共部门领导力的文献进行分析，展示西方公共部门领导力的热点主题、演进路径。分析《领导学季刊》所刊载的文献展示领导学的演进趋势、主题聚类。通过比较分析，展示西方公共部门领导力研究在领导学学科研究中的角色和地位，同时比较国内与西方的公共部门领导力研究，为国内研究发展提供借鉴。

三、研究的创新点

（一）研究方法的创新

研究采用科学计量法和信息可视化等方法对西方公共部门领导力进行研究分析，突破了国内领导学传统的定性、思辨的研究方法。据查询结果发现，运用科学计量学及知识图谱工具进行西方公共部门领导力研究在国内外都是新的尝试，因而本研究在研究方法及技术上是一大创新。

（二）研究内容的创新

本课题以西方公共部门领导力研究为对象，通过分析 SSCI 收录的大量高水平学术论文，展示西方领导学学科演进与发展趋势、西方公共部门领导力热点前沿及历史演变，分别绘制西方领导学、西方公共部门领导力的动态全景图谱，尤其重点探讨西方公共部门领导力研究的结构、热点和演进路径，具有创新性。

（三）研究视角的创新

以西方公共部门领导力研究的主要学术成果——学术论文为独特视角，探究该领域的研究力量、研究机构、研究方向、经典文献、热点主题与前沿趋势，绘制西方公共部门领导力研究的知识图谱，可以为国内相关研究、实务部门及其领导干部的领导力提升提供理论参考与方法借鉴。

第二章 国内外研究综述

第一节 重要概念解析[①]

在对公共部门领导力进行研究之前,有必要对其中的几个基础概念进行界定,主要包括领导、公共部门、公共部门领导力。

一、领 导

有关领导(leadership)的研究起源于19世纪末20世纪初的领导学研究。后来,不同的时期学者对领导的界定也不尽相同。部分国内外学者有关领导的概念界定见表2-1。

表2-1 有关领导的概念界定表

时间范围	阶段特征	代表学者	主要观点
1990—1929	领导是通过集权等方式贯彻领导者的意图	Allport	领导是对组织的控制
20世纪30年代	用特质来定义领导	Bogardus	领导是一个人的特质与其他许多人特质的相互作用
20世纪40年代	通过"群体理解"领导并强调其过程的非强迫性	Reuter	领导是劝说和引导人们能力的结果
20世纪60年代	从行为角度定义领导	Fiedler	领导是在领导活动中的特定行为
20世纪70年代	从社会心理学家的群体方法到管理学家的组织行为方法的转变	Cassel	领导就是人际影响

---

① 部分内容源自笔者硕士论文。

续表 2-1

时间范围	阶段特征	代表学者	主要观点
20世纪80年代至今	许多学者在提出自己的观点时，同时也在否定某些已有观点	Taylor	领导是领导者和追随者之间的相互影响关系
		周三多	领导就是指挥、带领、引导和鼓励部下为实现目标而努力的过程
		芮明杰	领导从根本上来讲就是一种影响力，是一种追随关系

尽管有关领导的定义多种多样，本研究认为，有一些要素是领导现象的核心。（1）领导力是一个过程；（2）领导力是一种渗透性的影响力；（3）领导力受追随者和情境因素的影响；（4）领导力是领导者、追随者、领导环境三者互动的结果。

二、公共部门

"公共"是指同"私人""私立""私营"相对应的公共组织或公共机构、公共部门。为减少发生歧义的可能性，本研究将公共组织、公共机构、公共部门等统称为公共部门。所谓公共部门，是指负责提供公共产品或进行公共管理，致力于增进公共利益的各种组织和机构。最典型的公共部门是政府部门，它以公共权力为基础，具有明显的强制性，依法管理社会公共事务，其目标是谋求社会的公共利益，对社会与公众负责，不以营利为根本目的，不偏向于任何集团的私利。

表 2-2 公共部门概念

代表作者	代表观点
Norman Gemme	以五个问题阐释界定公共部门的特征：运用什么资源（稀缺性、劳动、政策）、支出什么（公共补贴、转移支付）、拥有什么（权利义务）、控制什么（如经济活动、组织或个人）、生产什么，这些问题的讨论界定了不同的公共部门的范围
David Osborne & Ted Gaebler	对于解决问题的不同，将存在的组织分为三个大类，即：公共部门、私营部门及第三类部门。公共部门是以政府机构为主要部分并且承担公共事务
西方会计师联合会（IFAC）	公共部门：为国家政府机构、区域政府机构、地方政府机构以及相应的政府主体（如机构、团体、委员会和企业）

续表 2-2

代表作者	代表观点
胡象明	将整个社会部门划分为三大部门：第一部门为政府组织，这是纯粹的公共部门；第二部门为工商企业，这是非公共部门，即私人部门；第三部门是介于前两者之间的公益组织。公共资源、公共产品、公共服务、公共利益、公共价值是公共部门的特征
张成福	公共组织与企业、家庭等私人组织的根本区别在于，公共组织以实现公共利益为目标，更加重视公共性、公共利益和民主、公平、正义等公共价值，因此时常需要牺牲经济理性以谋求政治理性和公共利益

广义上讲，公共部门包括执政党各级党务工作机关、国家各级立法机关、国家各级行政机关、国家各级司法检察机关、人民政治协商会议、公共社会团体（工会、妇女联合会、共产主义青年团）、公共企业或公益企业（如由中央政府主管的国有企业、由地方政府投资兴办和经营的自来水公司、煤气公司、公共交通公司等）、非政府公共组织（如社会中介组织，由政府投资兴办和主管的高等院校、科学研究机构、社会福利机构、非营利性的公共医疗机构等）。

三、公共部门领导力

公共部门领导力是一个相对复杂的概念，公共部门领导力研究也是在近期才受到学界的关注。[①] 较早的研究仅能追溯到 20 世纪 60 年代，如 Golembiewski 研究过公共部门领导力的发展等问题。[②] 梳理有关公共部门领导力的概念界定可以发现，就像公共部门一样，公共部门领导力有几个意义相近的同类词，如行政领导力（Administrative Leadership）、官僚机构领导力（Bureaucratic Leadership）、公共组织领导力、公共领导力等，并且以这些为研究内容的成果远远少于以私人部门领导力为研究内容的成果，相比较而言，私人部门领导力、企业领导力等研究才是领导力研究领域的主流，公共部门领导力研究亟须挖掘自身的内涵特性和价值、意义，提出自身研究的核心问题、前沿领域。简要总结部分学者关于公共部门领导力的观点见表 2-3。

---

① 马佳铮. 西方公共部门领导力研究述评[J]. 北京行政学院学报，2011（1）：52-56.

② Golembiewski R T. Civil service and managing work: Some unintended consequences [J]. American Political Science Review, 1962（4）：961-973.

表 2-3 公共部门领导力概念

时间	代表学者	主要观点
2001 年	Barbara Kellerman	公共领导旨在为个人和组织提供管理和公共政策
2003 年	Donahue	公共领导意味着某一组织具有提供公共物品的责任，意味着政府和公共组织等具有提供公共物品的责任，并注重部门之间的跨界合作
2003 年	Van Wart	公共部门领导力包括三个过程：（1）以高效的方式实现授权；（2）培养和支持追随者；（3）使组织与环境相适应
2003 年	王乐夫	公共领导就是特指具有"公共性"的领导，具体而言，是指公共部门在管理过程中，为了实现公共利益，体现公共精神而进行的高层次的管理活动
2003 年	应国良	公共领导是指社会公共组织协调统一地在公共领域，为实现社会共享性利益的有效维护、合理分享和可持续增长，组织提供公共服务或公共产品，并且为此进行战略、规范的确定，以及相应的资源配置和调控的领导活动

结合以上学者的观点，本研究尝试对公共部门领导力作如下界定：公共部门领导力是指政府、社会组织等公共部门为了实现公共利益，组织提供公共服务或公共产品，以此来维护社会共享性利益的高层次的领导与管理活动。它包含以下几个要素：（1）以提供公共产品或服务为手段；（2）以维护公共利益为目标；（3）注重领导者、追随者与环境三者的协调统一。

第二节　关于领导学学科演进的研究

一、国外领导学学科演进的研究

"领导"一词最早出现在 19 世纪初与"英国议会政治管理与控制"相关的文章之中。直到 20 世纪 30 年代，西方学者开始对领导进行系统化的研究，早期有关领导的研究主要集中在理论研究方面。[①] 经过近一百年的发展，领导研究已经经历了特质理论阶段（1920s）、风格理论阶段

---

① 杜娟，米加宁. 西方领导学研究回顾与前瞻[J]. 哈尔滨工业大学学报（社会科学版），2005（4）：61-64.

(1930s)、行为理论阶段（1950s）、权变理论阶段（1970s）、领导变革理论阶段（1980s），进而进入领导学研究的"新领导理论"阶段（1990s）。[①] 领导研究实现了从关注领导者自身到关注领导者与追随者的互动，再到领导者、追随者与生态环境的多元交互关系的转变（见表2-4）。经过近百年的发展，国外领导学研究取得了丰硕的研究成果，研究内容更加多元化，研究领域不断拓宽，研究视角更加交叉深入，研究方法也注重定量与定性方法的结合。

表2-4 领导学发展的若干阶段

阶段	年代	代表者	观点
特质理论阶段	1920s	斯托格迪尔	领导才能包括5种身体特征、4种智力特征、16种个性特征、6种工作特征和9种社会特征
		亨利	领导者应有责任意识、尊重意识、组织能力、决断能力、思维能力、自信心、目标意识等
		吉赛利	领导效率的5种激励特征和8种品质特征
		切斯特·巴纳德	领导应当是自信力、持久力、决断力、说服力、责任感、知识和技能的结合体
		林德尔·厄威克	领导者应当有自信、有个性、有活力和决断力等
风格理论阶段	1930s	勒温	领导风格是影响下属工作人员工作绩效及满意度的主要因素，领导风格是多元的，如专制型、民主型和放任型
行为理论阶段	1950s	多基尔、沙特尔	领导四分图，将领导行为分成结构和关怀两个维度，形成了四种领导行为模式
		密执安大学	将领导行为进行了维度划分，包括员工导向维度和生产导向维度
		布莱克、莫顿	领导方格理论，以坐标的形式来表现领导者对于工作和人的关心程度
		伦西斯·利克特	将领导模式划分为以下四种：专制独裁型、温和独裁型、协商民主型和民主型

---

① Hunt J G. Transformational/charismatic leadership's transformation of the field: A historical essay[J]. Leadership Quarterly, 1999, 10 (2): 129-144.

续表 2-4

阶段	年代	代表者	观点
权变理论阶段	1970s	罗伯特·坦南鲍姆等	领导行为的连续体理论
		弗莱德·费德勒等	有效领导的权变模式
		罗伯特·豪斯等	路径—目标理论
		维克多·弗罗姆等	领导者—参与模型
		赫塞·布兰查德等	情境领导理论
新领导理论阶段	1990s	伯恩斯	变革型领导与交易型领导
		皮尔斯	共享领导
		蒙哥马利·范冯特	公共领导（行政领导）
		芒福德	破坏性领导

本研究运用综合分析和比较分析法，将西方领导学研究中相同或者相似的内容进行分类整理，得出西方领导学的研究主要集中在以下几个层面展开。

一是领导特质层面，这一层面的研究重点关注领导者的特征属性与行为取向，即领导者所具备的主体特征和素质品德，主要代表理论包括领导特质理论、魅力型领导理论、伦理领导理论和诚信领导理论。1991 年，Kirkpatrick 和 Locke 总结了领导者应当具备的六种素质。[1] 1998 年，Smith 和 Foti 提出特质理论对领导者及其领导能力进行预测。[2] "魅力"一词最早由德国社会学家韦伯提出，之后，豪斯总结了魅力型领导者的三大特质，包括高度自信、支配他人的倾向和对自己信念坚定不移。Gini 指出，伦理领导强调领导者的个体行为与领导特征包含伦理的内容。[3] 2004 年，Avolio 指出，诚信领导指的是领导者重视诚信，理解自我价值，并以诚信和价值的原则指导自己的行动。[4]

二是领导行为活动层面，这一层面的研究重点关注领导活动的开展及

---

[1] Kirkpatick S A, Locke E A. Leadership: Do traits matter? [J]. Academy of Management Executive, 1991, 5 (2): 48-60.

[2] Smith J A, Foti R J. A pattern approach to the study of leader emergence [J]. The Leadership Quarterly, 1998, 9 (2): 147-160.

[3] Gini A. Moral leadership and business ethics [J]. Journal of Leadership Studies, 1997, 4 (4): 64-81.

[4] Avolio B J, Gardner W L, Walumbwa F O, et al. Unlocking the mask a look at the process by which authentic leaders impact follower attitudes and behaviors [J]. Leadership Quarterly, 2004, 15 (6): 801-823.

其实施的策略，并对影响领导活动的要素进行了分析，具体内容包括领导行为的维度划分、领导的任务——关系维度、领导过程、领导职能和领导能力等。研究领导行为与领导活动的学者着重回答领导者做什么、怎么做，涉及领导任务、领导风格、领导方式。1939年，Kurt Lewin划分了领导行为的维度；1948年，Stogdill考察了2000多名领导者的行为，得出了领导者"规定—关怀"维度；2004年，Judge对领导行为进行了实证研究，并将领导行为划分为任务导向和员工导向两个维度。[①] 2007年，Sternberg构建了WICS领导模型，认为领导过程应当是由创造力、智力和智慧组成的。领导职能是指领导的职责内容和要素，内容涉及领导文化和领导变革等内容。[②] 1985年，沙因指出，领导文化和领导职能是两个协调的统一体。1990年，约翰·P·科特也提出："领导活动的最终目标是构建有效的企业文化制度。" 1990年，亨利·明茨伯格和科特提出，改革应当是领导职能的重要组成部分。[③] Avolio认为，领导行为由以下几个方面构成：理想化影响力、鼓舞性激励、智力激发和个性化关怀。[④]

三是领导力模型及其影响因素，主要包括权变理论和领导—成员交换理论。它强调领导理论与实践模型的构建。费德勒权变模型对领导关系、任务结构和职位结构进行了分类组合，形成了不同的领导模式，从而影响领导和组织的绩效。领导—成员交换理论指出，由于多重因素的影响，领导者与部分下属容易产生一种特殊的关系，这种关系使得这一小部分人受到特别的信任，成为圈内人。Bass指出，变革型领导和交易型领导是两种相互独立的领导类型，无法同时体现在一个人身上。[⑤]

四是领导集成与领导的综合化、一体化，强调领导的相关理论与实践逐渐走向融合与集成，并形成了集成领导理论与综合领导理论，这也是新

---

① 简文祥，王革. 西方领导力理论演进与展望[J]. 科学学与科学技术管理，2014（2）：80-85.

② Stogdill R D. Personal factors with leadership: A survey of the literature[J]. Journal of Psychology, 1948, 25 (1): 35-71.

③ Sternberg R J. A systems model of leadership: WICS[J]. American Psychologist, 2007, 62 (1): 34-42.

④ Avolio B J. Promoting more integrative strategies for leadership theory-building[J]. American Psychologist, 2007, 62 (1): 25-33.

⑤ 简文祥，王革. 西方领导力理论演进与展望[J]. 科学学与科学技术管理，2014（2）：80-85.

领导理论时期的典型特征,主要代表学者有范冯特、奥内尔和科特等。20世纪90年代初期,科特对魅力型领导、变革型领导和跨文化领导等内容进行整合,构建了综合领导理论。2004年,奥内尔构建了领导的六因素理论:充满理想色彩的使命感、果断而正确的决策、共享报酬、高效沟通、足够影响他人的能力和积极的态度。①

二、国内领导学学科演进的研究

20世纪80年代,适应社会发展与领导实践的需要,我国的领导学应运而生。1983年我国第一本领导学理论专著《领导科学基础》发行,标志着我国领导学研究的起步。② 1985年,我国第一本领导学专业期刊《领导科学》创立,极大地推动了我国领导学研究的发展。③ 经过二十多年的发展,我国已经初步形成了自己的学科体系,并取得了很多研究成果。具体而言,我国领导学的研究主要集中在以下几个层面。一是领导学的基本范畴与体系,主要代表学者有王雪峰、舒志定、文茂伟、李森等。2007年,文茂伟对领导学中的基本概念进行了界定,阐述了领导、领导力、组织领导力等概念的含义。④ 二是领导规律,主要代表学者有姜平、张延生、李锡炎等。2010年,姜平深入研究了复杂性视野下的领导规律问题,详细阐述了领导活动的三大规律。⑤ 三是领导决策,主要代表学者有冯秋婷、王恒久、姜明生和陈社育等。2000年,陈社育对领导决策风格量表进行了修正,并结合我国实际情况制定了新的领导决策风格量表。⑥ 2003年,冯秋婷对我国的领导决策机制进行了探讨。⑦ 四是领导环境,主要代表学者为杨经纬、张勤等。2005年,杨经纬等学者分析了提高基层领导环境意识的

---

① 胡剑影,蒋勤峰,赵兰琪. 国外领导理论研究述评[J]. 中国人力资源开发,2008(11):93-96.

② 杜娟,刘兰芬. 中国领导科学研究综述[J]. 理论探讨,2009(2):158-161.

③ 常东旭,李培山. 领导学在中国的发展历程和分化态势[J]. 理论探讨,2008(4):157-160.

④ 文茂伟. 领导学研究中需要澄清的几个概念[J]. 领导科学,2007(10):38-39.

⑤ 姜平. 复杂性科学视野下深化领导规律研究[J]. 唯实,2012(3):8-10.

⑥ 陈社育,余嘉元. 领导决策风格量表的修订与应用研究[J]. 南京师范大学学报(社会科学版),2000(4):89-93.

⑦ 冯秋婷. 改革和完善领导决策机制[J]. 理论探讨,2003(4):71-73.

重要性。① 2007年，田素安提出领导环境中应当注重领导亲和力的培养。②五是领导权力，主要代表学者为徐金海、张曼等。2009年，张曼对下属感知领导权力的过程进行了分析。③ 2011年，徐金海提出领导权力具有二重性。④ 六是领导职能，主要代表学者为胡浩、胡峰和熊爱华等。其中，熊爱华（2005）对领导和管理的职能进行了区分，并详细阐述了如何发挥领导的领导职能。⑤ 胡浩（2006）分析了虚拟团队中的领导职能。⑥ 七是领导体制，主要代表学者为高丽芳、王俊生等。2013年，王俊生对我国和美国的领导体制进行了比较研究。⑦ 此外，我国领导学的研究内容还包括领导素质与领导心理、领导方式与领导方法、领导艺术与领导作风、领导绩效考评以及西方领导学等内容。其中，2005年，杜娟回顾了西方领导学的研究历程，并提出了领导学研究的新方向。⑧

第三节 关于公共部门领导力演进的研究⑨

一、国外公共部门领导力演进的研究

20世纪中期，Macmahon开始对联邦政府的领导力进行研究，打开了公共部门领导力研究的大门。1998年，Larry Terry在《行政领导、新管理

---

① 杨经纬，温东辉. 培训是提高基层女领导环境意识的有效手段——UNDP"妇女与环境"项目中的培训工作[J]. 妇女研究论丛，2005（S1）：106-108.

② 田素安. 亲和力在优化领导环境中的优势[J]. 党政论坛，2007（6）：43.

③ 张曼，颜士梅. 下属感知领导权力的前因及过程分析[J]. 中国人力资源开发，2009（3）：10-13.

④ 徐金海. 校长领导权力合法性危机的反思与超越[J]. 教育理论与实践，2011（3）：22-25.

⑤ 熊爱华. 企业领导者如何有效发挥领导职能——浅析领导与管理的职能差异[J]. 山东社会科学，2005（4）：55-57.

⑥ 胡浩. 论全球虚拟团队中的领导职能[J]. 科学管理研究，2006（8）：162-174.

⑦ 王俊生. 中美双领导体制与东北亚安全：结构失衡与秩序重建[J]. 国际政治研究，2013（4）：99-114.

⑧ 杜娟，李汉铃，米加宁. 西方领导研究百年回顾与展望[J]. 北京行政学院学报，2005（5）：78-82.

⑨ 部分内容源自笔者硕士论文。

主义和公共管理运动》中倡导加强对公共部门领导力的研究①，随后越来越多的学者加入公共部门领导力研究的行列中，逐渐形成以 Van Wart 为代表的公共部门领导学研群体，极大地推动了公共部门领导力研究的发展。②概括起来，西方公共部门领导力研究经历了如下几个阶段。

（一）起步阶段（20 世纪 60 年代以前）

20 世纪 30 年代后期，古德诺和威尔逊提出"政治和行政两分"，行政领域的管理者实际上是决策的执行者。这一阶段，麦克马洪（Macmahon Arthur）、菲乐（Finer Herman）、伯恩斯坦（Bernstein Marver）和迪莫克（Dimock Marshalle）等人对"经验范式的公共部门领导探讨"③"联邦问题管理者"④"公共管理者的行政裁量权"⑤"政府管理者的任务"⑥"公共部门领导力发展"⑦等问题的探讨拉开了公共部门领导力研究的大幕，同时为后来学者的进一步研究提供了知识线索。

（二）发展阶段（20 世纪 60 年代—80 年代中期）

20 世纪 60 年代至 70 年代，领导学研究被小型化和局部化，学者将研究的重心放在小型团队发展和初级领导力发展上，公共部门领导力研究不受重视，没有突破性成果出现。这一时期，学者们主要针对"学习型领导"（James W. Fesler，1960）、"公共部门和私人部门的领导动机变化"（James F. Guyot，1962）等问题进行了研究。1962 年，Graubard Stephen 整理出版了一系列与行政领导相关的短文；1966 年，Corson John 出版了著

---

① Terry, Larry D. Administrative Leadership, Neo-Managerialism, and the Public Management Movement[J]. Public Administration Review, 1998, 58 (3): 194-200.

② 马佳铮. 西方公共部门领导力研究述评[J]. 北京行政学院学报, 2011 (1): 52-65.

③ Golembiewski, Robert T. The small group and public administration[J]. Public Administration Review, 1959, 19 (3): 149-156.

④ Arthur W. Macmahon, John D. Millett. Federal administrators: A biographical approach to the problem of departmental management[M]. New York: Columbia University Press. 1939.

⑤ Finer, Herman. Administrative responsibility in democratic government[J]. Public Administration Review, 1940 (4): 335-350.

⑥ Stone, Donald C. Notes on the government executive: his role and his methods[J]. Public Administration Review, 1945, 5 (3).

⑦ Dimock, Marshalle. Executive development after ten years[J]. Public Administration Review, 1958 (2): 91-97.

作，重点探讨了行政管理者的角色；1967年，Downs Anthony 出版著作专门探讨领导者在官僚体制中的地位。到了60年代末到70年代中期，公共部门领导力研究几乎处于停滞状态。[①]

80年代以后，公共部门领导力研究逐渐获得发展，取得了一定的成果。1980年，Lewis Eugene 提出这样一个观点：行政管理领导者同样也应具有企业家精神。其间，Stone Donald（1981）在论文中详细论述了领导对于进行组织创新的重要作用，Van Fleet 则针对军队开展了领导力研究。[②] 这些研究推动了公共部门领导力的发展。

（三）繁荣阶段（20世纪80年代中期至今）

80年代中期以来，伴随着政府变革的兴起和管理理论的改革，学者们开始注重研究公共部门领导的合作，大量成果涌现出来，与之相关的交叉领域也被广泛的研究，并延续至今。这一时期，《公共管理评论》（Pubic Management Review）上出现了三篇公共部门领导力培训与开发的文章。[③][④][⑤] 1986年，Dimock Marshalle 在论文中详细论述了领导对于组织创造力培养的作用。[⑥] 随后，实验研究方法又出现在追随者研究和领导行动计划研究中。[⑦][⑧] 1989年，Dilulio 进一步论述了领导和管理的重要地位。

与此同时，大多数研究政府行为的文献都开始探讨领导力，一部分基于经验主义的研究成果涌现出来。《调停政府的企业家精神与民主政治》

---

① 马佳铮. 西方公共部门领导力研究述评[J]. 北京行政学院学报，2011（1）：52-56.

② Fleet D D, Yukl J A. Military leadership: An organizational perspective [M]. Greenwich, CT, 1986.

③ Likert, Rensis. System 4: A resource for improving public administration[J]. Public Administration Review, 1981, 41（6）：674-678.

④ Flanders, Lorretta R, Dennis Utterback. The management excellence inventory: a tool for management development[J]. Public Administration Review, 1985, 45（3）：403-410.

⑤ Faerman, Suer, Robert E Quinn, Michael P Thompson. Bridging management practice and theory: new york state's public service training program[J]. Public Administration Review, 1987, 47（4）：310-319.

⑥ Dimock Marshalle. Creativity[J]. Public Administration Review, 1986, 46（1）：3-7.

⑦ Gi, Gronald, Alber Thyde. Followership and the federal worker [J]. Public Administration Review, 1988, 48（6）：962-968.

⑧ Young, Frank, John Norris. Leadership challenge and action planning: A case study [J]. Public Administration Review, 1988, 48（1）：564-570.

与《行政领导力、新管理主义与公共管理活动》是其中的典型代表,对于推动公共部门领导力研究起到了重要作用。①② 专著的发表进一步丰富了公共部门领导学的研究,例如,1995 年,Terry 撰写了政府机构中管理倾向力方面的著作,其他一些专著分别论述了"行政领导的相关问题""地方政府政策制定""公共部门领导计划"与"公共部门领导的公共服务价值"等。③④⑤

进入 21 世纪后,西方学者们注重通过案例研究、综述评论及撰写书籍来进行公共部门领导学研究,更加注重对公共部门和私人部门进行区分。⑥ 这一阶段,他们主要探讨了"公共部门领导的功能价值""公共部门领导与其他组织要素的关系""领导理论在公共部门的运用"和"追随者研究和领导力形成"等问题,为公共部门领导力研究拓展了更加广泛的空间。⑦⑧⑨⑩

从上述分析可以看出,国外对于公共部门领导力的研究已经具有了一定的深度、广度,仅在 SSCI(1998—2018)数据库中以"leadership"或

---

① Bellone, Carlg, Georgef. Goerl. Reconciling public entrepreneurship and democracy [J]. Public Administration Review, 1992, 52 (12): 130-134.

② Terry, Larry D. Administrative Leadership, Neo-managerialism, and the public management movement[J]. Public Administration Review, 1998, 58 (3): 194-200.

③ Chrislip, Davdid, Carle, Larson. Collaborative leadership: how citizens and civic leaders can make a difference[M]. San Francisco, CA: Jossey-Bass. 1994.

④ Bryson, John M, Barbara C Crosby. Leadership for the common good: Tackling problems in a shared-power world[M]. San Francisco, CA: Jossey-Bass. 1992.

⑤ Rost, Joseph C. Leadership for the twenty-first century[M]. Westport, CT: Praeger. 1990.

⑥ Van Wart, Montgomery. Leadership in public organizations: An intreduction[M]. Routledge, 2014.

⑦ Moxnes, Erling, Eline Var Der Heijden. The effect of leadership in a public bad experiment[J]. The Journal of Conflict Resolution. 2003, 47 (6): 773-795.

⑧ Fernandez, Sergio. Developing and testing an integrative framework of public sector leadership: Evidence from the public education arena. [J]. Journal of Public Administration Research and Theory. 2005 (2): 197-218.

⑨ Vigoda-Gadot, Eran. Leadership style, organizational politics, and employees' performance: an empirical examination of two competing models[J]. Personnel Review. 2007, 36 (5): 661-683.

⑩ Javidan, Mansour, David A. Waldman. Exploring charismatic leadership in the public sector: Measurement and consequences[J]. Public Administration Review, 2003, 63 (2): 229-242.

"leader"或"lead"为主题词，以"public administration"为类别方向，经过检索筛选，发现在公共管理或公共行政领域涉及领导学、领导力方面的学术论文多达2195篇，其中许多篇文献被引用频率达四五十次，足见西方对于公共管理方面的领导力研究已经达到了一定的规模和深度。因而深入探究西方公共部门领导力的相关学术成果是可行且必要的，相信合理引入其经验理论和有益实践之后，有利于推动我国公共部门领导力研究的深化发展。

二、国内公共部门领导力演进的研究

在我国，传统意义的领导学是指公共领导学，是以马克思主义、毛泽东思想为指导进行的有关党政领导干部的研究，我国的公共领导学研究一直侧重于领导层次中宏观的和理论方面的研究，缺乏微观层次上的实证分析和定量研究。领导学的研究成果主要是关于党政领导、行政领导方面的研究，真正意义上的公共部门领导力研究成果并不多。在中国社会科学索引CSSCI（1998—2018）数据库中以"领导力与公共部门"或"领导学与公共"或"领导与公共部门"或"领导力与政府"为主题词，经过检索比对和筛选查重，仅能获取学术论文96篇，说明公共部门领导力研究在我国学界已经有所开展，但是研究力量、研究成果还不足，尤其是文献中有相当数量的文章是关注党政领导干部问题的。同时，在中国国家图书馆馆藏目录中可以检索到以"公共领导"为主题词的著作也仅有五部，分别是《公共领导学》（陈振华，2003）、《公共领导学教程》（王续琨，2010）、《公共领导学》（常建，2009）、《公共部门领导影响力》（任文硕，2009）、《中国公共部门领导力素质模型实证研究》（陈小平，2011）。这一时期的研究集中于基础问题的探讨，如公共部门领导者角色、公共部门与工商企业领导者的比较、学校领导者的培养等。其中，2003年在公共部门领导力研究中是值得关注的，这一年一批成果集中出现，如"从行政领导到公共领导"[①]"领导替代与领导创新"[②]"公共领导与公共管理的关系"[③]等，

---

① 应国良. 与时俱进：公共领域的领导发展——从行政领导到公共领导[J]. 中山大学学报（社会科学版），2003（6）：21-26.
② 刘峰. 领导替代与领导创新[J]. 理论探讨，2003（4）：65-68.
③ 王乐夫. 论公共领导——兼议公共领导与公共管理的关系及其研究意义[J]. 管理世界，2003（1）：36-43.

这些研究一方面提出了新角度、新观点，另一方面也对以往研究进行了小结，起到了承上启下的作用。

近两年来公共部门领导力研究继续升温，一些学者从不同层面开展了研究，如"公共部门的领导研究现状"[①]"公共领导学的元问题"[②]"西方公共部门的理论演进"[③]，以及"公共部门领导力研究的述评"等，这可以看作是我国公共部门领导力研究的一个小高潮。但是专注于公共部门领导力研究体系的成果还没有出现，并且对于西方公共部门领导力的介绍分析也不多见，致使我国公共部门领导力研究没有太大突破。正如国家行政学院刘峰教授指出的："近年来领导科学因循守旧、缺乏创新以及低水平的重复研究，导致领导科学这一学科未老先衰，裹足不前。"

对近二十年中西方公共部门领导力研究进行横向对比，不难发现，我国公共部门领导力研究还存在着研究起点低、成果数量少、学术水平低等问题。与西方的差距主要表现在几个方面：研究方法上，西方多采用的是比较成熟的社会学、心理学、组织行为学等多学科研究方法，注重定性研究和定量研究的结合，而现阶段我国学者在研究方法上仍然主要是采用定性视角，缺少实证研究；研究内容上，西方更加注重探讨领导效能问题，强调微观层次的领导活动规律研究，具有适用性和应用性，我国的公共部门领导力研究更加关注党政领导干部的宏观研究和理论研究，缺少实用性、操作性；研究形式上，西方公共部门领导力研究主要由学术专家来完成，且是长期的持续性研究，代表人物众多，而我国的研究者则由学术专家及党政干部组成，且研究周期较短，代表人物较少。因此，非常有必要加大对西方公共部门领导力研究成果的借鉴参考，进而推动我国相关领域研究的进步。

---

① 聂勇浩，颜海娜. 公共部门领导研究的现状与趋向[J]. 广东行政学院学报，2011 (5)：36-41.

② 袁东旭，王续琨. 公共领导学初创期元问题探析[J]. 领导科学，2011 (6)：15-16.

③ 马佳铮. 西方公共部门领导力研究述评[J]. 北京行政学院学报，2011 (1)：52-53.

第四节 关于知识图谱技术与应用的研究

知识图谱起源于文献计量学和科学计量学领域,能够反映学科领域发展的演进与趋势。[①] 1964 年,加菲尔德人工绘制了关于科学引文演进的知识图谱,分析了科学发展史上的重大事件及其互动关系。亨利·斯莫于 1973 年提出了"共引"概念和共引分析方法。之后,史蒂文·莫里斯(Steven Morris)与其同事通过水平的时间序列轨迹分析首次形成聚类,丰富了知识图谱的研究内容。诺庸斯(Noyons)和瑞安(Van Raan)将科学知识图谱方法运用到科学计量领域,界定了 1992—1997 年间科学计量学、信息计量学和文献计量学的五个分支领域。2004 年,陈超美把对科学前沿的知识计量和知识管理研究推进到以知识图谱与知识可视化为辅助决策的新阶段。[②] 他设计的信息可视化软件 CiteSpace,成为科学计量学及其他学科普遍采用的新工具。

近年来,国内学者逐渐将科学知识图谱与信息可视化研究及其技术工具拓展到社会学、医院管理、传播学、管理学、体育学等学科领域。[③] 这些信息分析工具的引入为我们认识某一领域的真实情况,开展深度的交互分析提供了较好的基础。目前由于相关工具的引入存在滞后性、适应性,因此基于知识图谱的领导力研究在国内外都还没有涉及,本文尝试运用该工具对西方公共部门领导力的学术成果展开全景式研究,属于一项大胆的创新式探索。

本文选用的知识图谱分析工具为 CiteSpace、Google Earth 等,具体的分析流程如图 2-1 所示:

[①] 陈悦,刘则渊. 悄然兴起的科学知识图谱[J]. 科学学研究,2005(2):149-155.

[②] Chen C. CiteSpace II: Detecting and visualizing emerging trends and transient patterns in scientific literature[J]. Journal of the American Society for Information Science and Technology, 2006 (3): 359-377.

[③] 马费成,张勤. 国内外知识管理研究热点——基于词频的统计分析[J]. 情报学报,2006(2):23-30.

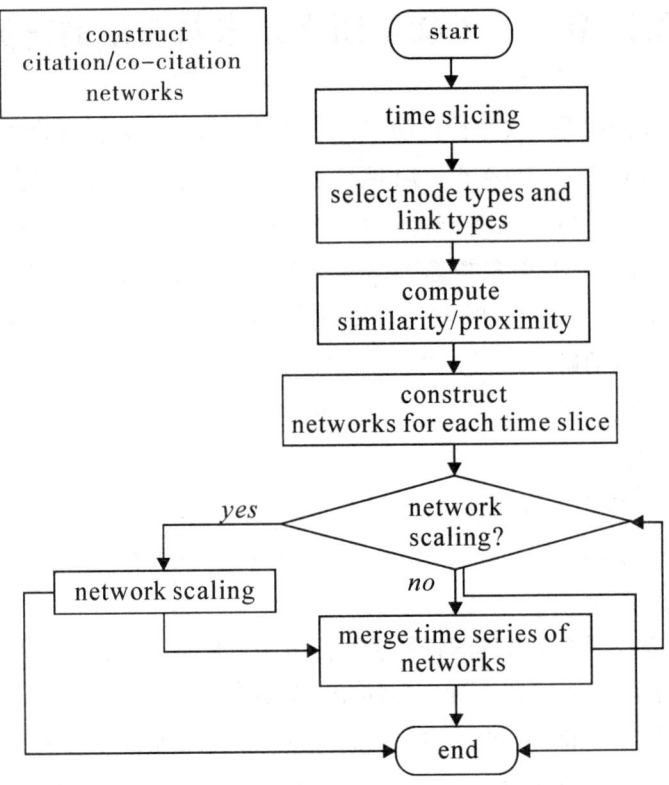

图 2-1　知识图谱分析工具流程图

资料来源：科学网陈超美博客，http://blog.sciencenet.cn/blog-496649-709608.html。

第三章 分析工具与数据选择

我们下面基于科学计量学理论与引文分析原理,将美国科学信息情报所的引文索引数据库(WOS)的相关主题的资料作为本研究的分析来源,采用信息可视化的分析方法,来探究领导学及公共部门领导力近年来的研究成果及发展趋势。信息可视化技术是近年来兴起的文献计量与统计分析技术,其代表软件工具包括 Citespace、Vosviewer、Sati 等,其主要功能是抓取文献数据和文献资料,并对标准化后的数据进行信息可视化分析,软件的组成模块丰富,信息处理能力较强,操作流程也比较简单,能够较好地探测学科或知识领域的前沿演化与时态模式变化,并能够分析科学知识领域的前沿演进与探寻学科演进的关键路径和发展趋势。在进行数据分析之前,本研究统一对原始数据进行了标准化处理,使其符合科学研究的规范。

第一节 信息可视化与科学知识图谱

一、信息可视化概述

信息可视化技术源于计算机科学和信息科学领域,在其发展初期,它关注的重点是科学计算可视化和数据可视化技术。随着社会信息化的发展和网络时代的来临,信息数据之间的交叉与融合日渐增加,信息可视化技术正是基于人们对海量数据的处理、分类、传输、存储等需求而诞生的,为了分析和鉴别这些纷繁复杂的数据信息,需要进行科学的汇总、分类和整理,并从其中研究这些领域的本质特征和发展规律。① 可视化来源于

---

① 靖培栋. 信息可视化——情报学研究的新领域[J]. 情报科学, 2003, 21 (7): 685-687.

"Visualization",是指将文本、数据等信息通过可视化软件及方法技术转化成视化图像的过程,也被称为科学知识图谱。具体而言,包括科学可视化、数据可视化、信息可视化和知识领域可视化等内容。信息可视化是对非物理空间的抽象信息进行总合分析并可视化的过程,这些抽象信息主要包括大规模的经济数据、商业数据和文献数据等内容。由于这些信息具有抽象性,必须依赖信息可视化技术,通过人机交互,将无序的没有空间特征的杂乱的信息进行排序分类,并进行统计分析,映射为可视的便于人们观察的新的形式,也更有助于提示大规模复杂数据背后隐藏的规律和特征及发展变化趋势。①②

1987年,美国国家科学基金会(NSF)提交了《科学计算中的可视化》报告,率先提出了"科学计算可视化"这一理念,并指出,"科学可视化"作为一个新兴的研究领域,具有重要的研究价值,在未来的研究中,必须重视科学可视化研究,努力将那些不容易洞察和识别的物理过程和相关数据转化为可视化的图像。科学可视化是信息可视化的基础,虽然它们在研究主题、对象方式等层面存在差异,但是随着科学可视化研究领域和内容的拓展,信息可视化的研究和技术方法也获得了极大的发展,大量的可视化软件和工具被开发出来,推动了不同学科和研究领域的新的研究思路和方法的延伸。③

2007年陈超美博士发表的《信息可视化研究:基于引文和共被引的视角》一文中,针对1985—2003年与信息可视化相关的研究进行了计量分析,并绘制了信息可视化论文的共被引网络图谱,展示这一时期信息可视化和可视化技术研究的主要领域、演化路径及这一研究领域的几个重要转折点。④

图形理论是信息可视化理论的基础,20世纪60年代,法国学者巴顿

---

① 袁国明,周宁. 信息可视化和知识可视化的比较研究[J]. 图书情报导刊,2006,16(12):93-94.

② 谭章禄,方毅芳,吕明,等. 信息可视化的理论发展与框架体系构建[J]. 情报理论与实践,2013,36(1):16-19.

③ 侯剑华. 工商管理学科演进与前沿热点的可视化分析[D]. 大连理工大学,2009.

④ Chen C. CiteSpace Ⅱ: Detecting and visualizing emerging trends and transient patterns in scientific literature[J]. Journal of the American Society for Information Science and Technology, 2006, 57(3): 359-377.

（J. Bertin）是图形理论的先行者，他对图表的构成及其设计模型进行了阐释和分析。20 世纪 80 年代，美国耶鲁大学统计学教授爱德华·塔夫特（Edward Tufte）先后发表了三本与信息可视化相关的著作，为推动科学计量学研究和信息可视化研究奠定了重要基础。① 1999—2002 年间，信息可视化研究和技术均获得了极大的发展，大量研究成果的出现，推进了信息可视化的实践拓展，这一时期也成为信息可视化技术发展的关键时期，其代表成果包括陈超美（1999）的《信息可视化与虚拟环境》、卡德（Stuart K. Card）的《信息可视化概览：用视觉思维》、斯宾塞（2000）的《信息可视化》，这意味着"一是信息可视化领域从形成统一研究范式的阶段，进入到在已形成特定学术范式下的常规科学迅速发展阶段；二是信息可视化领域从侧重解决大量商务数据与金融信息的可视分析问题，转到应用于信息科学与科学计量领域以应对科技文献信息的急剧增长"②。

1989 年，罗伯斯顿（G. Robertson）和卡特（S. Card）等在其发表的论文中率先提出了"信息可视化"的概念，随后"信息可视化"迅速发展成为一个重要的新兴研究领域。国际上与信息可视化相关的研讨会由"电气与电工工程师学会"IEEE（Institute for Electrical and Electronic Engineers）组织：一是始于 1997 年的信息可视化国际学术会（International Conference on Information Visualization），每年 7 月在英国伦敦举办；二是始于 1995 年的信息可视化专题研讨会（IEEE Symposium on Information Visualization），每年 10 月在美国一些城市轮流召开。这两个研讨会的成果代表了目前信息可视化研究的最高水平。③

20 世纪 90 年代以来，信息可视化获得了极大的发展，其中的重要代表人物是旅美华人学者陈超美博士，他于 1999 年和 2002 年出版的《信息可视化：跨越地平线》和《科学前沿图谱：知识可视化探索》两本著作，对于推进信息可视化和知识图谱新领域的发展具有奠基性的作用。凭借他在数学、计算机领域的理论与实践功底，基于关键路径算法（Pathfinder），开发了 Citespace 应用系列软件，实现了信息可视化技术和科学计量学的整

---

① 刘则渊. 科学知识图谱：方法与应用[J]. 辽宁省哲学社会科学获奖成果汇编（2007—2008 年度），2010.

② 刘则渊. 科学知识图谱：方法与应用[M]. 北京：人民出版社，2008.

③ 陈超美. 科学前沿图谱：知识可视化的探索（第二版）[M]. 北京：科学出版社，2014.

合，开创了以知识单元为分析基础的可视化综合学术与应用领域，实现了传统计量模式向现代知识图谱和知识可视化的过渡。另外，他还创办了信息可视化领域的唯一的国际期刊《信息可视化》，并独立主持了2002年至今的知识可视化系列国际讨论会（Symposium on Knowledge Domain Visualization），对于科学计量学和信息可视化的发展具有重要的推动作用。①

二、科学知识图谱概述

科学知识图谱属于科学计量学的研究领域，是指通过对科学知识进行计量分析，并形成的某一学科或研究领域的研究主题和发展脉络关系图。科学知识图谱以数学、计算机科学技术为基础，并经历了最初的曲线图发展为复杂的三维立体图的过程，其中，用定量统计方法发现知识指数增长规律的学者普赖斯（D. Price），也为科学知识图谱的科学化作出了贡献。绘图学和地图学作为知识图谱的基础，知识图谱和知识地图具有一定的相似性，但是仍然存在很多差异，"图谱"强调图像化和在空间形式里对系统内容与概念的系统排序与跨越式分布。学者魏尔（E. Vail）将知识地图界定为："可视化地显示获得的信息及其相互关系，它促使不同背景的使用者在各个具体层面上进行知识的有效交流和学习。"国内学者刘则渊等将知识图谱界定为"可视化描述人类随时间拥有的知识资源及其载体，绘制、挖掘、分析和显示科学技术知识以及它们之间的相互联系，在组织内创造知识共享的环境以促进科学技术研究合作和深入"②。他们还指出，知识图谱所描绘的对象主要包括三个方面：一是从事科学技术活动和作为知识载体的人，包括科学家、技术专家、项目组、实践团体或某一知识领域共同体；二是显性或编码化的知识，如论文、专利、所学课程、数据库或类似的应用等；三是过程或方法，包括研究问题和解决问题的过程或方法、组织的业务流程，以及相关的知识投入等。

20世纪50年代，加菲尔德创建了SCI，并致力于创建多学科引文索引的研究，推动了信息检索学的发展，发展出一套复杂的用以理解科学发展动力的概念工具。近年来，信息可视化和科学知识图谱获得了极大的发

---

① 李杰. CiteSpace：科技文本挖掘及可视化[M]. 北京：首都经济贸易大学出版社，2017.

② 刘则渊. 科学知识图谱：方法与应用[M]. 北京：人民出版社，2008.

展，在 Web of Science 上以"information visualization"为检索词，共检索到 3440000 条文章记录，采用现代的计算机科学和信息处理技术，对庞杂的知识内容和数据信息进行处理，从而探究某一研究领域和知识区间的研究分布与内容发展，有助于在复杂的科学研究中开拓新的研究领域与研究内容，提供快速、独立、科学判断的客观依据。科学知识图谱强调科学学的基础作用，并涉及数学、计算机学、信息学、计量学等交叉学科，其基本原理是分析单位（文献资料、主题词、著者等）的相似性及其内在联结关系，基于不同的研究视角可以绘制不同的科学知识图谱。根据不同的发展阶段，科学知识图谱经历了传统科学知识图谱、三维构型知识图谱、多维尺度图谱、社会网络分析图谱、自组织映射图谱、寻径网络图谱的发展历程。[1]

寻径网络（Pathfinder Network Scaling Map，PFNET）是基于经验性的数据，对不同概念或实体间联系的相似性或差异程度做出评估，然后应用图论中的一些基本概念和原理生成的一类特殊的网状模型。它对不同的概念和实体之间的关系进行了新语义的表达，从一定程度上模拟了人脑的记忆模型和联想式思维方式，主要应用于认识心理学和人工智能等领域的研究。[2] 寻径网络算法考察不同数据之间的联系及其变化，并依此建立数据之间的有效连接路径，并在此基础上构建数据与数据之间的关系图，图中的关键节点表示核心数据，不同节点之间的连线展示了数据之间的关系。基于 PFNET 算法绘制科学知识图谱，其核心节点包括文献、主题词、关键词、作者等重要文献信息，其前提是假设各节点之间存在相关关系，节点间由加权的路径相连，权衡被分析对象的共被引频次，仅显示节点间最短路径，在科学知识图谱中，关键节点展示了学科研究的核心内容，其余节点以关键主题词为核心形成不同的研究聚团，进而构成整个学科的研究取向趋势图谱。最早使用 Pathfinder 算法对超文本链接网络聚类进行分析的学者是美国德雷克塞尔大学信息科学技术学院的陈超美教授，2004 年，他基于引文分析理论，并将其范围进行了拓展，基于 JAVA 语言开发了 Citespace 信息可视化软件，运用 Citespace 信息可视化软件，可以实现引文

---

[1] 刘则渊. 科学知识图谱：方法与应用[M]. 北京：人民出版社，2008.
[2] 胡利勇，陈定权. 引文分析可视化研究[J]. 情报杂志，2004，23（11）：78-79.

的网络化分析，探究科学研究演化的关键路径，找出学科领域演化的节点文献（知识拐点），分析学科深化潜在的动力机制，并预测学科发展的前沿。与此同时，科学知识图谱的技术还可以用于其他研究领域，并帮助研究人员明确以下内容：（1）析出某些研究领域的代表专家学者、组织机构、期刊和特定研究领域的研究内容，并洞察这些主题词之间的内部联系；（2）帮助理解不同领域之间的知识输入和知识输出；（3）明确科学研究领域的发展变化，理解信息生产和传播中的经济因素以及一些相关项目的内容与发展分析。[①]

第二节　Citespace 及其应用

20世纪50年代，加菲尔德提出了建立《科学引文索引》（SCI）的想法，直到1963年，第一部SCI得以出版，1973年，SSCI（社会科学引文索引）出版，涵盖了自1956年以来的科学研究成果，包括人类学、经济学、社会学、教育学等研究领域。随后出版的A&HCI（1978）、SCI（包括SSCI和A&HCI）、CD-ROM极大地丰富了引文数据库的结构样本，其提供的独特的文献引证关系，受到全球各地科学计量学家及科研学者的重视，基于ISI（Web of Science）提供的引文数据库的引文实证分析成为科学研究的重要方法，学者普赖斯、布劳温、怀特和麦肯恩、可特瑞尔等都基于SCI的引文数据库，利用科学计量指标和引文分析方法评价不同研究领域的研究成果，具有代表性的可视化软件和研究工具包括 Citespace、Bibexcel、Spss、Wordsmith Tools、Pajek、Ucinet 等。本文主要采用由美国德雷克塞尔大学信息科学与技术学院的陈超美教授开发的 Citespace 为研究工具，因此，本研究将对其做重点介绍。

普赖斯的研究发现，根据引文半衰期（citation half-lives）的差异，科学文献可以被划分为经典文献和过渡文献两类，经典文献具有持续的高被引的特征，过渡文献的特征是在短时间内达到被引峰值的文献，而过渡文献往往比经典文献更加普遍。了解过渡文献转变为科学领域的动力机制，

---

　　① 李杰. CiteSpace：科技文本挖掘及可视化[M]. 北京：首都经济贸易大学出版社，2017.

对于识别研究领域的重点文献、主流期刊和发展趋势具有重要意义。①

陈超美是美国德雷克塞尔大学信息科学与技术学院的计算机与情报学的教授,并担任 Drexel-DLUT 知识可视化与科学发现联合研究所(美方)所长。2004 年,为了更好地对庞杂的数据和文献进行分析,陈超美教授对作者共被引分析和引文分析理论进行了拓展,基于 JAVA 计算机编程语言开发了 Information Visualization-Citespace,并逐渐发展成在全球范围内被广泛使用的信息可视化软件。Citespace 软件诞生于 2004 年 9 月,经过十多年的发展,目前推出的最新版本为 5.3.R4。Citespace 软件开发的灵感来源于库恩科学结构演进的思路,陈超美教授认为"科学结构的发展蕴藏在不断增加的研究文献之中,学科研究的重点也会受到时代发展的影响,并在不同的时间段呈现出快速或者缓慢的特征"。陈超美教授和刘则渊教授指出,Citespace 的理论基础包括五个方面:(1)库恩的科学发展模式;(2)普赖斯的科学前沿理论;(3)社会网络分析的结构洞理论;(4)科学传授的信息觅食理论;(5)知识单元离散与重组理论。②

Citespace 也被称为 Citation Space,常常被翻译为"引文空间",它是一款重点关注科学分析中的潜在知识,并在计算机学、科学计量学、数据和可视化背景下逐渐发展起来的一款引文可视化分析工具。它在呈现科学知识和结构、分布和发展规律的情况时,采用可视化图谱的形式,因此,它也被称为"科学知识图谱"。目前,该软件不仅能够对科学文献进行引文分析和共被引分析,还能够对不同知识单元进行整合分析和共现分析,来挖掘和展现引文空间的知识聚类与主题分布情况。目前,Citespace 软件已经在全球范围内获得了广泛的应用,其使用区域涉及亚洲、欧洲国家和美国。在中国,有非常大的一个群体正在使用 Citespace 软件。在早期阶段,Citespace 在国内的应用领域主要集中在图书馆与档案管理、情报学、管理科学等领域,分析的数据来源主要包括 Web of Science、CSSCI 或者 CNKI 等,国内学者主要针对科学领域的研究主题、研究区域分布、期刊分布、热点前沿和发展趋势进行了重点探究与分析。在研究中,被大量使

---

① 陈悦,刘则渊,陈劲,侯剑华.科学知识图谱的发展历程[J].科学研究,2008(3):449-460.

② 陈超美.科学前沿图谱:知识可视化的探索(第二版)[M].北京:科学出版社,2014.

用的功能包括文献共被引、共词网络以及作者共被引功能,在对图谱进行进一步解读的过程中,主要分析高频节点、聚类知识群、中心节点等内容,探究某一研究主题的发展脉络与演化规律。

与其他信息可视化软件相比,Citespace 的操作与使用更加方便,下载的文献数据不需要进行专门的数据转换即可在 Citespace 软件上进行数据处理与数据分析,另外,Citespace 自身所带的数据库能够较好地识别德温特(Derwent)等数据库的专利数据,并能对其进行综合分析。Citespace 软件可以在其官网免费获取,在安装 Citespace 之前,必须在电脑中安装与其系统相对应的 JAVA 文件,下载解压软件之后便可操作使用。在利用 Citespace 进行数据处理之前,需要构建数据库文件夹,并对其按照规范进行统一命名,Citespace 软件对分析数据的文本命名具有特殊的要求,文件名需要类似"download-XXX"(注意 Download 有时不能识别,首字母需要小写)。另外,在对数据进行分析之前,需要进行数据清洗,并建立两个文件夹,一个用于存储原始数据,一个用于保存处理后的数据。Citespace 具有四个主要的功能:一是通过引文分析,找出学科领域演进的关键路径;二是探测学科领域演进的关键节点文献(知识拐点);三是分析学科演化的潜在机制;四是预测学科或知识领域的研究前沿。

Citespace 的主要功能是构建由多个文献共被引网络组合而成的一种独特的共被引网络,以及自动生成的一些相关分析结果。每个文献共被引网络与不同的时间段形成映射,通过网络聚类、聚类连线、圆圈节点和路径来展现科学领域的研究成果,在对 Citespace 绘制的知识图谱进行分析和解读的过程中,要重点观察几个重要的节点信息,包括图谱结构、时间分布、内容主题和指标吻合度。在观察图谱结构的时候,要重点分析自然聚类的数量、枢纽节点、被引频次等内容;在观察图谱的时间分布时,要重点关注每个聚类的主导颜色和隐性热点,并基于年轮的颜色来判断被引的时间分布;在观察图谱的内容和指标分布时,要重点分析不同聚类的影响及其分析结构所呈现出的主题词和关键节点,并对不同聚类的相似性进行分析。

Citespace 软件通过复杂的计算和运算可以对网络数据进行分析,并探测研究领域的主题重点和发展趋势,"研究前沿"和"知识基础"作为科学知识图谱的两个重要概念,展现了 Citespace 软件的核心研究分析和探究功能。"研究前沿"是通过研究问题短期内骤然突现的概念群组来显示的,某一学科或研究领域的近期高被引文献往往能够反映其研究前沿，即在知识积累和知识增长的过程中了解学科的发展动态与演化趋势。"知识基础"强调通过引文分析和共被引分析展示科学前沿的某种趋向。文献共被引和耦合分析是 Citespace 软件的一个主要功能，这一功能的基础和核心是引文分析，邱均平（2014）指出，引文分析是指通过数学及统计学方法，将科学研究成果作为分析对象，并对期刊、作者、主题词等内容进行分析，从而探究其内容和特征的一种计量研究方法。在科学研究中，近期的研究成果往往基于之前学者的研究展开，科学文献之间是相互联系的有机体，近期的研究成果会引用前人的研究成果，这表现为流离的知识单元被重新归纳组合形成新的知识的过程。随着科学研究主题的拓展和研究的深入，科学文献之间的联系不断增加，并构建起文献互引网络，引文网络的疏密程度集中反映了科学文献的分布与集中规律。[1]

Citespace 软件的第一个重要功能是进行文献共被引分析和耦合分析，20 世纪 70 年代美国情报学家 Henry Small 提出了共被引分析的概念，共被引分析（Co-Citation analysis）是指两篇文献共同出现在第三篇施引文献的参考目录文献中，则这两篇文献形成共被引关系。[2] 通过挖掘文献集合中的共被引关系，明确科学文献之间的共被引关系，可以识别研究领域的发展轨迹与发展脉络，文献共被引分析不仅可以对文献的著作信息进行分析，还可以对期刊等进行分析。文献耦合分析是学者 Kessler 于 1963 年提出的，许多文献之间存在相似特征，这种相似特征的强弱即文献之间的耦合程度，如果两篇文献共同引用了一篇参考文献，即他们之间的耦合程度为 1，如果引用了两篇相同的文章，即耦合程度为 2，以此类推。文献之间的耦合程度越大，则文章的相似性越强，在进行文献的耦合分析时，可以从论文著者、组织机构、国家等层面来进行分析。[3] Citespace 根据数据的内容和类型来对其进行分析，并得出不同时期的分析结果，节点采用了引

---

[1] 邱均平，董克. 作者共现网络的科学研究结构揭示能力比较研究[J]. 中国图书馆学报，2014，40（1）：15-24.

[2] Small H. Co-citation in the scientific literature：A new measure of the relationship between two documents[J]. Journal of the American Society for Information Science，1973，24（4）：265-269.

[3] Kessler M M. Bibliographic coupling between scientific papers [J]. American Documentation，1963，14（1）：10-25.

文年轮的表示法，节点各向外延伸的圆圈描述了其引文的时间序列，节点的大小和颜色差异彰显出科学文献的被引次数及时间间隔，连线的颜色与疏密程度代表共被引值首次达到所设定的阈值的时间。

Citespace 软件的另一个重要的功能是科学知识领域演进的可视化，主要是通过将等距离时间段序列的图谱进行整合而形成的图谱，重要的知识文献可以基于他们在图谱上的突出特征而得以辨识。在具体的呈现方式上，Citespace 提供了 Timeline（Focus context 技术）和 Timezone 两种文献共被引网络的呈现方式，在时区视图中，相同聚类的文献被放置于同一水平线上，时间与文献主题、作者等内容相互对应，能够反映出不同时间段这一研究的研究中心与主题演化。另外，还可以通过突发性探测和中介中心性指标来测度各个类别中的重要文献，尤其是通过探测突变词来识别一些新兴的热点研究领域，从而识别学科的演进过程。在进行引文分析的过程中，Citespace 软件采用 Pathfinder 算法，在简化运算流程的过程中提高了计算结果的科学性，并帮助研究者更好地识别较短时间和较长时期的不同的关键主题、节点信息和视觉突出特征，从而可以探测学科在知识领域发展过程中的动力机制与演化趋势。

Citespace 软件的另外一个重要功能是识别研究领域的研究热点，并能够对科研合作网络进行分析，同时可以对研究主题和研究领域实现共现分析。在分析中，按照学科领域建立词频词典，并对科学文献中的核心关键词和主题词进行频次分析和排序，从而识别该研究领域的发展动向和研究热点。另外，在对主题词进行分析的时候，可以采用软件所提供的词频跳变算法，这种算法关注词频的时间分布变化和突变词（burst term），检测高频词汇的变化规律，并以此来分析学科研究领域的发展脉络，而这些突变词也能够较好地帮助研究者挖掘研究的核心价值趋向。另外，基于共被引分析和知识网络分析，生成共被引网络以及施引文献主题词的共词网络，即得到一个由不同网络构成的共被引与共词混合网络图谱，可以展现学科知识领域的重要被引文献以及由施引文献主题词所表达的学科重要研究主题及发展脉络。

第三节 学科知识领域可视化的路径

随着科学研究的发展，在诸如学科或研究领域中积累了大量的文献和知识，因此在进行知识图谱绘制时，会形成一个错综复杂的网络，我们力图从较全面的视角来展现学科的研究发展情况，但是网络拓扑的结构往往会受到诸多因素的影响，节点和连线的变化与增减往往能够影响网络的拓扑结构，这与共被引网络中文献的引用情况及时间序列是有关的。科学知识图谱的显示方式包括两种，即整体显示和部分显示。整体显示从时间脉络变化的视角来展示，并在整合图谱中显示科学研究领域的时间和空间变化趋势，部分显示是指重点显示某些时间段落的研究情况，部分显示操作简单且灵活性较强，这种方法常常提供附加的图示帮助观测者辨识两幅相邻图谱间的关系及变化趋势。[1]

进行科学文献的可视化分析，主要包括七个步骤：

（1）软件启动和参数设置。这一步主要针对下载和清洗好的数据，在Citespace功能区选择功能键，并做好运算的初步准备工作。

（2）数据运算和可视化。核心内容是对数据进行分析和运算，是形成可视化图谱的前期阶段，其重点在于对数据进行运算，这些运算过程虽然复杂，但是都是软件自动运算，并不需要太多的手动操作，因此其操作难度并不大。

（3）科学知识图谱网络绘制。在完成前面的工作后，进入可视化网络的绘制阶段，用于基于前期优化的数据进行内容分析，并获得文献共被引网络，接下来可以对这些网络图谱进行编辑、计算和保存。

（4）对科学知识图谱的初步调整。最初形成的可视化网络图谱往往是全局性的，且聚类比较集中，显示也比较集中，但并不清晰，因此需要对网络图谱进行一定的调整，包括放大图谱、对图谱位置进行调整和分析，等等。

（5）对可视化网络进行聚类分析。对图形位置和一些细节进行调整之

---

[1] 李杰. CiteSpace：科技文本挖掘及可视化[M]. 北京：首都经济贸易大学出版社，2017.

后,需要对可视化图谱进行聚类,聚类后的图谱会发生一定的变化,其显示的结果也更加准确和具有针对性,这其中涉及一些专业词汇,包括时间区隔(time span)、选择标准(selection criteria)、网络(network)、网络裁剪方法(pruning)、网络模块化评价指标(modularity)、网络同质性指标(silhouette)。其中,网络模块化评价指标(modularity)值越大,则表示网络的聚类效果较好,Q 的取值区间为 [0,1],一般而言,Q 大于 0.3 就意味着研究所绘制的知识网络结构是具有显著性的。

(6) 对聚类进行命名与区隔。这一步的重点是对已经形成的聚类和图谱进行文献划分,一般而言,如果文献数量不多,可以采用人工的方式。但是事实情况是,研究者往往面临大量的文献知识和杂乱的数据,因此,Citespace 往往通过施引文献的标题、主题词等内容来进行聚类的命名,具体方法包括 $tf*idf$、LLR(对数似然率算法)以及 MI(互信息算法)。

(7) 进一步优化聚类图谱与网络。为了提高科学知识图谱显示的清晰性,并突出展现研究成果的核心内容,必须对绘制的初期的知识图谱进行优化,主要包括图形显示、聚类标签等内容。在修正图形的显示细节时,主要需要调节网络节点、连线、字体、标签分布等相关的内容,在对标签进行调整时,主要是要调整标签显示的位置,避免重复和混乱,同时让标签的显示更加简单清晰。

Citespace 主要通过聚类图谱、时区视图和时间结构视图的方式来展示研究成果的发展与主题分类,能够比较直观地展示某一学科的研究演进规律与脉络。其中,聚类图谱基于未经修剪的聚类图谱和关键路径网络视图来诠释学科演进路径,时区视图强调科学文献的时间区隔概念,可以展示出不同阶段该学科研究的发展演化规律等,能够较好地帮助研究者做好文献计量工作。

第四节 数据来源及其标准化处理[①]

领导学经过近百年的发展,已经形成了一个比较完整的理论体系,也派生出许多不同的领导风格。面对纷繁复杂的研究情境以及研究方法的不

---

① 部分内容源自笔者硕士论文。

断更迭，对其进行文献计量和类别领域划分并不是一个简单的任务。随着领导活动实践的需求和理论研究的不断发展，领导学研究的不同知识区间界限已经不再清晰，因此，以这一领域的研究成果和文献资料为样本，来研究领导学及公共领导领域研究发展的路径与主题演化。本节将对本研究的文献数据来源作初步的界定和遴选，也是本研究进行数据处理和数据分析的基础。

一、数据来源

本文所使用的数据全部来自美国的科学信息研究所 ISI（Institute for Scientific Information）数据库 Web of Science 核心合集检索平台，选取自西方社会科学研究权威期刊数据库 SSCI、SCI-EXPANDED、A&HCI、CPCI-S、CPCI-SSH 等，它们是国际上重要的引文信息源，也是全球性的权威的引文数据库，历来被公认为世界范围最权威的科学技术文献的索引工具，能够提供科学技术领域最重要的研究成果。SCI 引文检索的体系更是独一无二，不仅可以从文献引证的角度评估文章的学术价值，还可以迅速方便地组建研究课题的参考文献网络。发表的学术论文被 SCI 收录或引用的数量，已被世界上许多大学作为评价学术水平的一个重要标准。在这个庞大的数据库中，相关的文献约 8500 份科学期刊的引文都被视为数据期刊源，其中有关自然科学和技术科学的专业期刊有 5000 多种，覆盖了数学、物理学、化学、生命科学、地球科学、农林科学以及环境科学等主要科学领域，其余 3000 多种为人文社会科学类期刊。以领导学领域的相关期刊为依据，结合《期刊引证报告》（*Journal Citation Reports*，简称 JCR）管理学、商业和领导学领域期刊平均影响因子排名情况，最终确定了本研究所选取的国际领导学类的顶级核心期刊作为数据期刊源（母本期刊）。本文检索了 Web of Science 核心集合中的科学引文索引数据库，获得了领导学领域顶级期刊的科学文献数据（也被称为题录）。

本研究的主要内容由两个部分组成，其一是西方领导学学科演进的知识图谱分析，其二是西方公共部门领导力研究的知识图谱分析。因而本研究在进行数据收集时采用了科学的分类方法。

经过近百年的发展，领导学研究在宏观上初步形成了独立的科学体系，拥有了若干具有影响力的专业期刊，如《领导学季刊》《领导学》等，发表在这些高水平期刊上的论文代表了领导学研究的最新成果，是推动领导学研究快速发展的重要动力。其中,《领导学季刊》(Leadership Quarterly)是西方最具权威性、学术性的领导学专业刊物。《领导学季刊》2009—2018年在西方知名的《期刊引证报告》(Journal Citation Reports,简称JCR)领导学领域中平均影响因子排名第一,平均高达3.8以上,远远领先于其他领导学专业刊物,详见图3-1。2012年,《领导学季刊》在西方领导协会确定的领导学重要期刊中排名第一。因此,本文首先选取《领导学季刊》(Leadership Quarterly)为研究对象,从SSCI数据库中获取1998—2018年间《领导学季刊》刊载的相关学术文献(包括"Article""Review""Letter"等),检索时间为2018年8月30日,进而绘制西方领导学研究的科学知识图谱,并对其进行计量分析、文本分析,客观全面地展示近二十年来西方领导学学科演进的全貌。

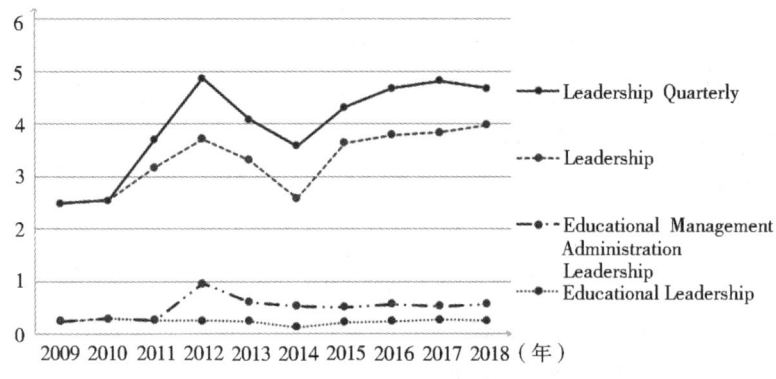

图3-1 领导学专业期刊影响因子

西方公共部门领导力的文献分布相对广泛,且与其他知识领域之间存在交叉融合,其研究成果多见于管理学、领导学、组织学、心理学等不同学科的权威期刊上。为了尽可能全面地掌握西方公共部门领导力研究的学术成果,本文在数据采集时突破单一数据库、单一期刊,选用具有西方权威标准的Web of Science核心合集,索引数据库包括SSCI、SCI-EXPANDED、A&HCI、CPCI-S、CPCI-SSH。检索式:主题("Public leadership*")OR主题("Public sector leadership*")OR主题("Administrative Leadership*")OR主题("Public administration Leadership*")OR主题("Government Leadership*")OR主题("Public service Leadership*"),时间跨度=1997年—2018年,文献类型为"Article, Proceedings, Paper, Review",获得与主题相关的大量文献。之后逐条对这些文献的主题内容(包括Title、

Abstract、Keywords)进行核实分析、筛选误差,最后共获取 320 篇标准文献,其中,期刊论文(Article)161 篇、会议论文(Proceedings Paper)37 篇、评述文章(Review)9 篇。在开展研究的过程中,根据研究的需求,我们对研究的资料和文献数据进行了更新,拓展了选定期刊的核心数据,并基于此构建了本研究的原始数据库。随后对这些文献进行分析,绘制了西方公共部门领导力研究的知识图谱,展示西方公共部门领导力的热点主题、演进路径,之后运用层次分析、比较分析,探测西方公共部门领导力研究在领导学中的角色和地位,为国内公共部门领导力研究发展提供借鉴。

二、数据标准化处理

本研究的计量工具及分析方法对于文献数据及其内容有较高的研究要求,因而本文选取了西方权威期刊数据库作为文献来源,确保文献资料的真实可靠、数据全面。在资料收集和计量分析的过程中,对文献数据进行了标准化处理,以确保符合研究工具的相关格式规范,这些工作主要包括以下内容。

一是在数据下载过程中将其设置为可读取的".txt"格式,并以 500 条为一个文档,命名为"download*",存入 data 文件夹。随后,将下载的原始数据保存到同一个文件夹中,随后创建研究项目(Project)并选择文件数据的保存路径,在对数据进行时间分段处理时,对时间间隔进行分段处理。之所以对时间间隔进行分段处理,一是因为"分治策略"有利于提高软件运行的速度和准确性,二是采用数据分段处理可以更好地识别学科演进的关键节点和时态模式。在数据下载和分析的过程中,对数据进行清洗和标准化处理,例如将科学文献发表中使用同一名称而具体标识不同的内容进行统一规范,包括期刊名称、作者名称、机构名称等,例如将期刊《Academy of Management Journal》及其简写 ACDA MAN J 统一规范为 AMJ,将作者 Bass B M 与 BASS B M 统一规范为 BASS B M。三是对一些可能影响分析准确性的内容进行了数据清洗,这主要是将关键词、主题词等中的一些泛义词、同义词进行了一定的归并。四是受限于篇幅,在图谱制作中为了体现出主要内容,将一些相对边缘的细枝末节、孤立节点进行了剪切。

第四章 西方领导学研究的热点主题[①]

公共领导学作为领导学的重要组成部分，是以领导学为基础并对其进行深化和拓展的研究。公共部门领导力作为公共领导学的主要研究对象，也随着领导学理论与实践的发展而发生变化。探析西方领导学学科的演进趋势，是研究公共部门领导力的基础和重要突破口。领导学学科的演进路径折射出公共部门领导力研究的演化过程，对于推进公共部门领导力的研究和公共领导学的形成具有重要的意义。

本章以《领导学季刊》（*Leadership Quarterly*）1998—2018年的相关文献为研究对象，基于pathfinder算法绘制领导学学科演进知识图谱，包括代表作者图谱、高频次共被引文献视图等，通过作者群体及共被引文献的图谱揭示领导学学科的演化趋势与热点前沿。

第一节 西方领导学学科的代表学者

在该研究领域，Mumford M. D.、Hunt J. G.、Avolio B. J.、Yammarino F. J.、Schriesheim C. A.、Gardner W. L.、Day D. V.、Lord R. G.、Sosik J. J.、Fred O. Walumbwa、Sean T. Hannah、Mary Uhl-Bien等学者是近年来发文量较多的代表作者，在新领导理论时期开展了大量的研究探索。这些学者及其团队在高水平研究开展、研究团队构建、研究视角拓展、跨界合作研究等方面均已取得了丰富成果，是西方领导学学科发展的重要力量。图谱4-1的基本指标：节点数量375个，连线207条，模块性Q值为0.9302，远高于0.3，平均轮廓值为0.5076，大于0.4，符合图谱生成的基本要求。从图谱及其支撑文献中可以看出，西方管理学界、领导学界的学者是领导学研究

[①] 部分内容源自笔者硕士论文。

的主要力量。

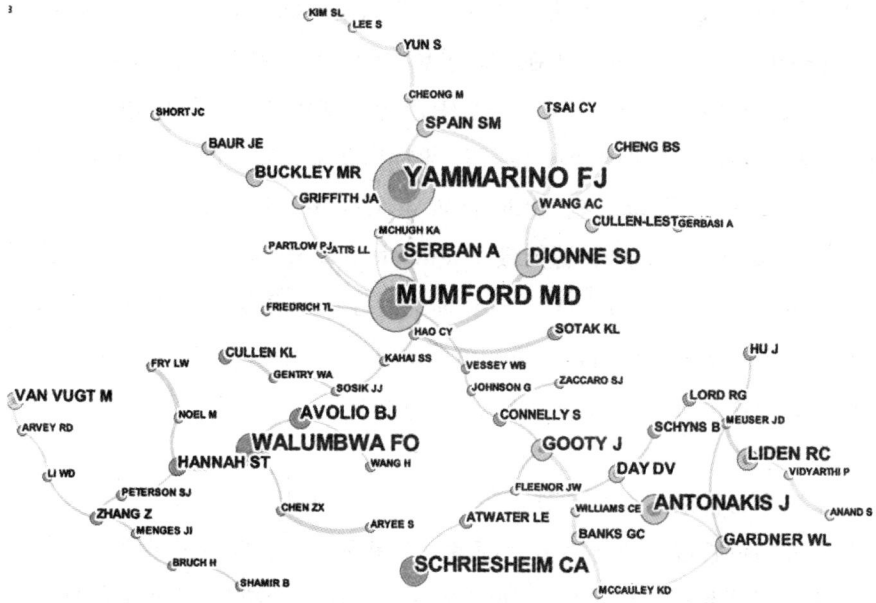

图 4-1　领导学学科的代表作者图谱

俄克拉荷马大学的 Michael D. Mumford 擅长于领导力与组织行为关系研究，他通过对不同企业组织领导者思维方式的分析，讨论了领导特质、领导行为及其情境之间的影响关系，并提出了卓越领导才能的几种表现形式。[①] 此外，Mumford 与 Dansereau 和 Yammarino 等学者开始关注个体之间的领导合作，指出领导力效果的发挥受追随者、个体思维和个体效能的影响。

得克萨斯理工大学的 Hunt J. G. 重新讨论了领导力的概念内涵，并质疑以往的领导力研究是否真正地界定了领导力的本质特征，是否从不同的历史语境方面考虑了领导与管理的异同。他提出论断"领导是管理的一个子集，开展领导活动确保组织的成功"。Hunt 和 Bedeian 从经验角度诠释了领导与管理，他们倾向于认同领导是管理的一个子集。[②]

---

① Mumford M D, Scott G M, Gaddis B, et al. Leading creative people: Orchestrating expertise and relationships[J]. The Leadership Quarterly, 2002, 13 (6): 705-750.

② Hunt J G. Leadership: A new synthesis[M]. Sage Publications, Inc, 1991.

华盛顿大学商学院领导力研究中心的 Bruce J. Avolio 教授，擅长于企业战略领导力及领导力评估（Business Strategic Leadership and Leadership Assessment）。Bass 于 1985 年在《超乎想象的领导与绩效》（*Leadership and Performance Beyond Expectation*）一文中建构了现代变革型领导理论，引起强烈反响。Avolio 曾协助 Bass 在 1993 年提出变革型领导的主要因素，包括领导魅力或理想化的影响（Charisma or Idealized Influence）、动机鼓舞（Inspirational Motivation）、智能激发（Intellectual Stimulation）、个性化关怀（Individualized Consideration）等。目前他专注于研究如何加快领导力积极影响的释放。他引入追随者情绪、道德伦理及心理资本等中间变量，讨论真诚型领导（又称诚信领导，Authentic Leadership）与组织工作绩效之间的关系。[1]

来自内布拉斯加大学（The University of Nebraska）的 Gardner W. L. 教授将研究的重心放在领导者—追随者关系和领导—成员交换理论（LMX）上，认为领导者及其成员的互动情况在一定程度上决定领导行为的有效性。同时，Gardner 教授指出，领导伦理对领导者—追随者之间的互动形式及效果均会产生一定的影响。2004 年，真诚型领导发展研究中心成立大会（*Inaugural Meeting on Authentic Leadership Development*）在内布拉斯加—林肯大学的盖洛普领导力学院召开，Gardner W. L. 教授和 Avolio B. J. 教授提交了论文《"你能看见真正的我吗？"：个体视角下的真诚型领导和追随力发展研究》（"*Can you see the real me?*"：*A self-based model of authentic leader and follower development*）指出，真诚型领导是新领导理论时期领导力发展的新起点之一，关于领导伦理的相关研究应当以人性为基础，注重个体差异，这一观点引起了学界的广泛关注。[2]

纽约州立大学宾汉姆顿分校的 Yammarino F. J. 长期关注变革型领导与交易型领导理论，他认为领导是一个包含个体、对偶、群体以及集体的

---

[1] Avolio B J, Gardner W L. Authentic leadership development: Getting to the root of positive forms of leadership[J]. The Leadership Quarterly, 2005, 16 (3): 315-338.

[2] Gardner W L, Avolio B J, Luthans F, et al. "Can you see the real me?" A self-based model of authentic leader and follower development[J]. The Leadership Quarterly, 2005, 16 (3): 343-372.

多层次现象，若忽略其中任何一个层次将曲解领导。① 他与 Dubinsky 教授基于多层次分析工具 WABA（Within And Between Analysis）技术，对个体、管理者—下属、群体的分析，发现显著度只有在个体层次上得到，而在管理者—下属、群体等高层次的效应没有得到支持。他们强调变革型领导研究应当加强在概念化、测量和检验中边界条件的多层次分析，以获得对领导行为的更全面的认识。受益于 Yammarino 和 Dubinsky 对多层次分析方法（Multilevel Analysis）的运用，目前该工具被广泛应用于个体、团队、群体等不同组织中领导行为预测、领导力有效性评估以及领导理论模型的边界条件检验等。②

迈阿密大学商学院（University of Miami-Business School）的 Schriesheim C. A. 运用多元化的视角进行领导力研究，分步骤分阶段地对领导—成员交换理论、变革型领导理论和真诚型领导理论进行研究，并探讨了三者之间的关系。同时，他指出，变革型领导的成功离不开团队成员和追随者的配合，所以应当将领导—成员交换这一关系视角引入变革型领导的理论与实践研究之中，并充分运用文献法、因子测量法和层次分析法等方法进行相关研究。③ 近期，面对学界对真诚型领导理论的探讨，他指出，在进行真诚型领导相关研究的过程中，应当首先进行相关的概念界定、理论模型构建和指标设计，而不应集中于"制定措施"（designing interventions）。同时，他还强调应当积极面对真诚型领导研究将会面临的挑战，不断深化和推进理论、实践研究，丰富理论体系。④

阿克伦大学（University of Akron）的心理学学者 Lord 将心理学视角引

---

① Yammarino F J, Dubinsky A J. Transformational leadership theory: Using levels of analysis to determine boundary conditions[J]. Personnel Psychology, 1994, 47 (4): 787-811.

② Yammarino F J, Dubinsky A J. Transformational leadership theory: Using levels of analysis to determine boundary conditions[J]. Personnel Psychology, 1994, 47 (4): 787-811.

③ Schriesheim C A, Castro S L, Cogliser C C. Leader-member exchange (LMX) research: A comprehensive review of theory, measurement, and data-analytic practices[J]. The Leadership Quarterly, 1999, 10 (1): 63-113.

④ Cooper C D, Scandura T A, Schriesheim C A. Looking forward but learning from our past: Potential challenges to developing authentic leadership theory and authentic leaders[J]. Leadership Quarterly, 2005, 16 (3): 475-493.

入领导学研究之中,深入探讨了领导者—追随者的自我认同与自我发展等问题。同时,Lord 和 Brown 等人还构建了基于多重认知的领导力影响模型,指出领导力的发挥受到领导者—追随者的个体价值和自我认知等因素的影响。①

宾夕法尼亚州立大学(The Pennsylvania State University)学者索西科教授(John J. Sosik)重点对变革型领导、魅力型领导和战略型领导进行了研究。在变革型领导研究中,Sosik 等人深入研究了变革型领导、目标导向和职业期望与团队领导力的关系,搜集整理了 11 个行业共 217 名职业经理人的数据资料,经过系统的数据分析,得出变革型领导与目标导向、职业期望之间呈现正相关这一结论。同时,Sosik 还指出,变革型领导对团队绩效具有较大的影响力。② 与此同时,Sosik 还对魅力型领导进行了深入的研究,并在《领导学季刊》上发表了数篇与魅力型领导相关的文章。在《自主概念基础上的魅力型领导研究》中,Sosik 和 Dworakivsky A. C. 评估了 64 个经理人的自我概念,并搜集整理了 194 位下属对领导风格的反馈数据,提出魅力型领导具有不同层级性,这种层级性受到领导者"自主概念"的影响(主要包括自我意识、自我监控与人生目标),因此在进行魅力型领导的研究中应当关注领导者的"自主概念"(Self-concept)。此外,Sosik 还指出领导者应具有战略眼光和战略意识,战略型领导力的构建是一个长期持续地调动组织人员、提供技术资本与进行机会建设的过程。

通过对上述主流学者及其团队主要研究成果的归纳,我们发现,西方学界对领导学的研究具有两个显著特征。一是研究视野非常宽阔。比如,研究角度多样,学者们能够从不同的视角考察问题,如对领导力的研究,不仅仅限于对领导者的考察,还注意从追随者的角度探讨分析;研究方法多种多样,研究路径灵活,不仅能够将定性研究与定量研究相结合,还合理采用批判主义、诠释主义、实证主义的研究路径;研究层次相对丰富,能够从个体、团队、组织、群体等层面开展研究,兼顾了学科研究在微观、中观、宏观等方面的要求;学科交叉,能够从管理学、商学、哲学、

---

① Lord R G, Brown D J. Leadership, values, and subordinate self-concepts [J]. Leadership Quarterly, 2001, 12 (2): 133-152.

② Sosik J J. The role of personal values in the charismatic leadership of corporate managers: A model and preliminary field study [J]. Leadership Quarterly, 2005, 16 (2): 221-244.

心理学等不同学科考察研究对象。这些大大促进了领导学学科知识结构、研究框架的建设，有利于推动领导学学科理论体系的不断丰富。二是学者之间、研究群体之间存在较为密切的合作关系。例如合著论文、合著专著等已经较为常见，并且在一些地区已经形成了跨区域的合作研究平台，这对于学者开展协同创新研究有很大的促进作用。而我们国内的领导学研究由于起步晚、发展慢等原因，容易形成各自为政的碎片化研究，这与当前合作研究、协同研究的主流趋势相悖，不利于领导学研究能力的提升，不利于领导学研究的创新性成果出现。

第二节　西方领导学学科的理论基础及其演化

文献共被引展示的是文献计量学领域一种最基本的共被引关系。[①] 文献共被引是指当一篇文献中同时引用了另外两篇文献时，这两篇文献就发生了共被引关系。共被引关系主要体现同时被引用的两篇参考文献之间的知识相近、知识集聚、知识互补等结构关系，即代表知识来源、理论基础乃至元知识、元理论的文献之间的知识关系。

将下载处理后的《领导学季刊》的 821 条样本数据导入可视化软件 CiteSpace，得到高频次共被引文献的网络知识图谱（如图 4-2 所示）。图谱的模块性 Q 值为 0.8312，平均轮廓值为 0.4854，符合图谱生成的基本要求。该知识图谱中共呈现了 278 个关键节点及 496 条连线，代表图中共显示了 278 篇具有共被引用频率较高的学术论著（包括学术论文、专著、述评等），并且在这些高被引的论著之间存在 295 次显著的共被引关系，这些节点和连线代表着西方领导学学科领域知识增长积累、理论基础建构及研究前沿演进等情况。图谱中突出展示了具有较大影响力的文献及其作者，通过仔细探析图中这些关键节点的文献信息，可以进一步理清领导学学科文献之间的知识联结关系，帮助发现西方领导学学科的历史演进与发展路径。关键节点的文献信息见表 4-1。

---

① 侯海燕. 基于知识图谱的科学计量学进展的研究[D]. 大连：大连理工大学，2006.

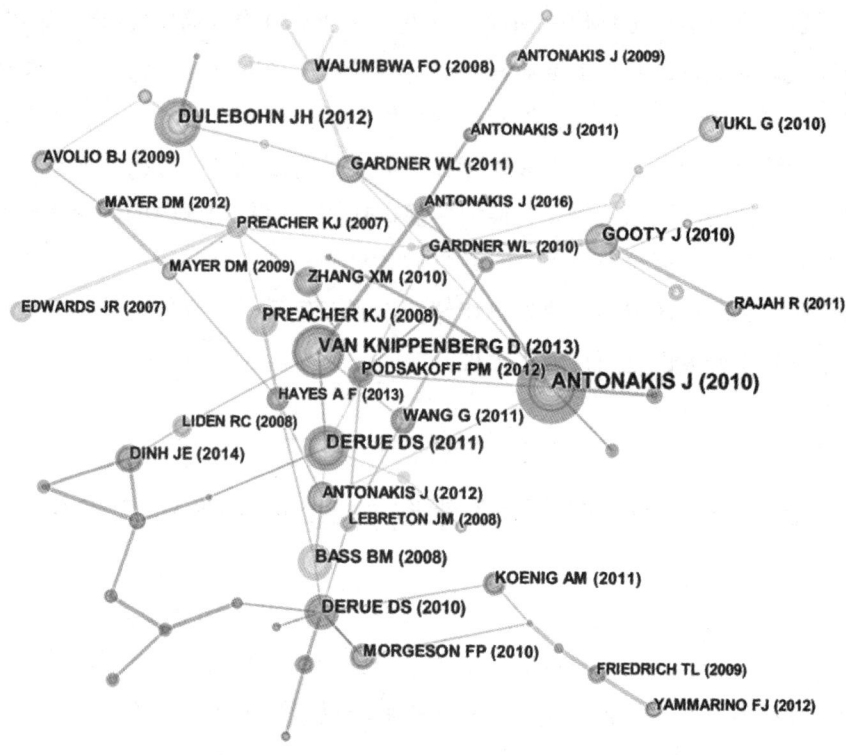

图 4-2　领导学学科共被引文献视图

表 4-1　领导学学科前 20 位的共被引文献列表

序号	作者	文献名	时间	出版单位	频次
1	BASS	Leadership and performance beyond expectations	1985	The Free Press	298
2	BURNS	Leadership	1978	Harper & Row	203
3	BASS	Bass & Stogdill's Handbook of Leadership：Theory, Research, and Managerial Applications	1990	The Free Press	186
4	Graen, Mary	Relationship-based approach to leadership：Development of leader-member exchange (LMX) theory of leadership over 25 years：Applying a multi-level multi-domain perspective	1995	Leadership Quarterly	185

续表 4-1

序号	作者	文献名	时间	出版单位	频次
5	Boas Shamir, House, Arthur	The Motivational Effects of Charismatic Leadership: A Self-Concept Based Theory	1993	Organization Science	168
6	Lowe, Kroeck, Sivasubramaniam	Effectiveness Correlates of Transformational and Transactional Leadership: A Meta-Analytic Review of the Mlq Literature	1996	Leadership Quarterly	156
7	Conger	Charismatic Leadership in Organizations	1998	Sage Publications	135
8	Podsakoff	CommonMethod Biases in Behavioral Research: A Critical Review of the Literature and Recommended Remedies	2003	Journal of Applied Psychology	132
9	Conger, Kanungo	Toward a Behavioral Theory of Charismatic Leadership in Organizational Settings	1987	Academy of Management Review	124
10	House	A 1976 Theory of Charismatic Leadership Effectiveness	1977	Southern Illinois University Press	120
11	House, Aditya	The Social Scientific Study of Leadership: Quo Vadis?	1997	Journal of Management	119
12	Bass	TransformationalLeadership: Industry, Military, and Educational Impact	1998	Lawrence Erlbaum Associates	119
13	Gerstner	Meta-Analytic Review of Leader-Member Exchange Theory: Correlates and Construct Issues	1997	Journal of Applied Psychology	106
14	Judge	Transformational and Transactional Leadership: A Meta-Analytic Test of Their Relative Validity	2004	Journal of Applied Psychology	106
15	Gardner	The Charismatic Relationship: A Dramaturgical Perspective	1998	Academy of Management Review	105

续表 4-1

序号	作者	文献名	时间	出版单位	频次
16	Lord	A Test of Leadership Categorization Theory: Internal Structure, Information Processing, and Leadership Perceptions	1984	Organizational Behavior and Human Performance	105
17	Yukl	Leadership in Organizations	1981	Prentice-Hall	105
18	Podsakoff	Transformational Leader Behaviors and Their Effects on Followers' Trust in Leader, Satisfaction, and Organizational Citizenship Behaviors	1990	Leadership Quarterly	102
19	House	Personality and Charisma in the U. S. Presidency: A Psychological Theory of Leader Effectiveness	1991	Administrative Science Quarterly	99
20	James	Estimating Within-Group Interrater Reliability With and Without Response Bias	1984	Journal of Applied Psychology	97

从时间分布上看，这些共被引频次较高的文献中发表最早的是罗伯特·豪斯（Robert J. House）于 1977 年出版的专著，书中提出了"魅力型领导理论（Charismatic Leadership）"，引发了学界对于魅力型领导的研究热潮；同时该书还对领导学的理论流派进行了前期梳理，因而引用率较高，成为领导学学科共被引文献视图中心度最高、连线最密集的文献，其中心度达到 1.54。[①] 另外，豪斯另有两篇文献进入高共被引文献列表，分别是他于 1991 年独立完成的《美国总统的特征与魅力：领导效能的心理学理论》（Personality and Charisma in the U. S. Presidency: A Psychological Theory of Leader Effectiveness），以及和 Ram N. Aditya 于 1997 年合作的《领导的社会科学研究：未来的方向》（The Social Scientific Study of Leadership: Quo Vadis），前者通过研究分析美国总统的个性魅力，从心理学的视角探究魅力因素在领导者效能中的作用；后者则是探究领导学研究深层次的学

---

① House R J. A 1976 theory of charismatic leadership: the cutting edge[M]. Illinois: southern luinois university press, 1997.

科发展方向及未来趋势的问题。①② 列表中关于魅力型领导理论的研究还有，Boas Shamir 和 House 等人基于自我概念理论探究魅力型领导者的动机效应，Conger 讨论了组织发展及组织设置中的魅力型领导力问题,③ Gardner 则通过拟剧法（Dramaturgical Perspective）着重研究了魅力形成的因素及关系。

从引用情况来看，美国著名领导学学者巴纳德·巴斯（Bernard M. Bass）于 1985 年出版的《超越预期的领导力和绩效》(*Leadership and Performance Beyond Expectations*)，获得了最高的共被引用率，达 246 次。作者亲自调查了美国许多大型企业，挖掘了大量第一手案例资料，在此基础上开展关于卓越领导、领导特质的元研究，分析领导者如何引领其追随者取得非凡成绩，回答领导者与追随者之间如何增进协同的问题。④ 巴斯号召学界同仁重视和加强领导学研究，并亲自创办了西方权威的领导学刊物《领导学季刊》。巴斯还在宏观上关注了领导学的理论建设、课题研究及实践操作等问题。巴斯继承了伯恩斯关于变革型领导理论的研究，将变革型领导与工业发展、军队建设、教育进步等的实践相结合，希望从培养卓越领导力的现实路径方面推进变革型领导取得新发展。⑤ 巴斯在领导学学科发展中的诸多创见使其在学界获得了较大的学术影响力，其文献被广为引用。

从共被引用率、图谱中心度及连线密集程度等综合上看，美国普利策奖得主、历史学家詹姆斯·麦格雷戈·伯恩斯（James MacGregor Burns）可以被认为是 20 世纪当之无愧的领导学大师，他将领导学研究引入商业与政治活动之中。他于 1978 年发表的著作《领导论》（又译作《领导力》，

---

① House R J, Spangler W D, Woycke J. Personality and charisma in the US presidency: A psychological theory of leadership effectiveness [C] // Academy of Management Proceedings. Briarcliff Manor, NY 10510: Academy of Management, 1990 (1): 216-220.

② House R J, Aditya R N. The social scientific study of leadership: Quo vadis? [J]. Journal of Management, 1997, 23 (3): 409-473.

③ Conger J A. Qualitative research as the cornerstone methodology for understanding leadership[J]. Leadership Quarterly, 1998, 9 (1): 107-121.

④ Bass B M. Leadership and performance beyond expectations[M]. New York: Free Press, 1985.

⑤ Bass B M. Leadership and organization culture-new perspectives on administrative theory and practice[J]. Journal of Higher Education, 1985, 56 (5): 592-595.

Leadership）的共被引用率和中心度均排名第二，节点连线非常密集，书中大量运用哲学、心理学、管理学、伦理学、社会学等学科知识与研究方法开展领导学研究，因而在领导学学科发展及理论构建中具有基础性地位。伯恩斯首次提出了交易型领导与变革型领导，并运用一系列领导者案例进行实证研究、理论剖析，他指出"变革型领导能够激励他人一起向更高的目标进发"，此后仅是在变革型领导理论研究领域就衍生出了若干个流派。他将西方领导学从领导权变研究时期带入新领导理论时期，直接推动领导学研究进入到"领导理论丛林"。

从列表上看，继承伯恩斯变革型领导理论开展研究的还有若干学者。Lowe 等人采用 MLQ 量表对变革型领导与交易型领导进行元分析，以讨论两者在绩效产出方面的相关性因子。Judge 随后也采用同样的分析方法对 Lowe 等人的研究结论进行了验证。Podsakoff 等人则通过 988 名雇员样本对变革型领导的行为后果进行了研究，发现明确远景、树立合适模型、制定可接受的团队目标、高绩效期望、个体支持及智力指导等六种行为能够显著提升追随者的领导力、满足度和组织公民行为；Podsakoff 在另一篇文章中专门探讨了领导行为研究中的共同方法偏差（Common Method Biases，CMB）问题①，以发现如何控制这种偏差对分析结果的影响，确保行为研究的科学性、准确性。

除变革型领导理论获得关注之外，领导成员交换理论、组织领导力研究、领导类型定性分析、组织间领导行为比较测度研究等也受到较多的引用。Graen 等人最早提出了领导—成员交换理论（Leader-Member Exchange Theory，LMX），实现了研究对象从单一主体——领导者（Leader）到二元主体——领导者与追随者（Leader and Follower）的突破，描述了真实存在于领导与成员之间的交换过程。在之后的三十年里，领导成员交换理论影响重大。Graen 和 Dansereau 在 1972 年首次提出了领导—成员交换（LMX）理论，最初研究的是企业内新员工的社会化问题。② 观察中 Graen 发现员

---

① 共同方法偏差（Common Method Biases，CMB），是指由于同样的数据来源或评分者、同样的测量环境、项目语境以及项目本身特征所造成的预测变量与效标变量之间的人为的共变性。

② Graen G B, Uhl-Bien M. Relationship-based approach to leadership: Development of leader-member exchange theory of leadership over 25 years: Applying a multilevel multidomain perspective[J]. Leadership Quarterly, 1995, 6 (2): 219-247.

工的成长受领导者影响很大,与领导者较密切的员工会得到更多信任和关照。鉴于这样的事实,他指出,领导者和下属之间存在着差别交换,并将两者之间的交换关系作为研究重点。

LMX 理论的发展历经了四个阶段:第一阶段,"圈内"与"圈外"关系形成。领导者与其下属之间形成了不同的关系,"圈内"关系以相互信任、信息共享和相互影响为特征,"圈外"关系以基于工作描述的任务交流为特征。第二阶段,交换关系发展阶段。领导者与"圈内"成员改进交换关系,交换内容也从初始的物质性交换转变为以社会性交换和心理性交换为主。"圈外"成员希望通过承担额外职责、提升成熟度进入"圈内"。第三阶段,领导者与下属的一对一合作伙伴关系建立并进一步巩固。第四阶段,交换关系向团队层面拓展。领导者应该更有主动性,探索如何将一对一的交换关系发展为"团队—成员交换关系"(TMX),促使交换关系在整个组织系统发展。因而,Graen 等人提出了"领导制作"①,如图 4-3 所示。团队—成员交换关系不仅代表领导—成员交换关系从一对一交换向团队交换层面转变,更代表交换关系由低质量向高质量转变。

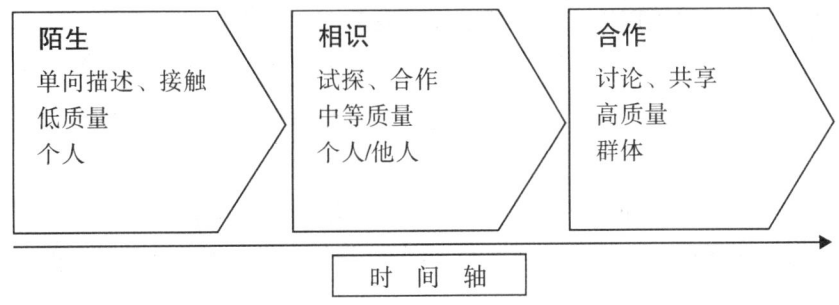

图 4-3 基于 LMX 的领导制作过程

国内外的研究主要关注前两个阶段,包括 LMX 的概念、维度、测量等,以及 LMX 与组织绩效、组织公平、组织支持等的关系,② 而对后两个阶段的研究较少,尤其是在构建"团队—成员交换关系"方面乏善可陈。③

---

① 钟建安,谢萍,陈子光. 领导—成员交换理论的研究及发展趋势[J]. 应用心理学,2003(2):46-50.
② 任孝鹏,王辉. 领导—部属交换(LMX)的回顾与展望[J]. 心理科学进展,2005(6):788-797.
③ 边慧敏,彭天宇,任旭林. 共享领导:知识团队中领导模式的新发展[J]. 中国行政管理,2010(5):42-42.

现实社会竞争日益激烈,知识型团队、扁平化组织成为一种趋势的同时,也面临着绩效不稳定、领导管理模式陈旧、员工诉求多元化等矛盾。这要求我们深入研究"团队—成员交换关系"的发展变化,并探索与之对应的领导管理模式。在 LMX 的维度分析方面,国外主要有 Graen 提出的信任、能力和动机三个维度,Dienesch 等提出的忠诚、贡献、情感和尊敬四个维度。Kozlowski 和 Doherty 则认为信任、判断力和交流是最佳维度,Peck 提出了开放、信任、支持和反馈四个维度。[①] 分析发现,LMX 的维度划分大多从领导与成员的社会关系考虑出发,如情感、信任、忠诚、交流等,这些位于个体需求的高层。结合中国实际,王辉采纳 Dienesch 的观点,提出忠诚、专业尊敬、情感和贡献四个维度[②];张莉等归纳出沟通、信任、了解、帮助、需要、讨论等六项维度[③]。

此外,加里·尤克尔(Gary Yukl)倡导组织领导力研究(Leadership in Organizations),尤克尔研究的创新之处在于他将领导力研究置于组织发展、组织变革、组织文化塑造、组织全球化的背景下,他从组织演变趋势的宏观角度分别结合参与式领导、分担式领导、追随者问题、领导成员交换理论、路径目标理论、魅力型领导、变革型领导以及伦理领导、真诚领导、团队领导、跨文化领导等十六个主题开展了相关分析。Lord 等人还开展了领导类型的定性分析(Leadership Categorization Theory),提出通过设置相关维度,将领导进行类型划分,以便于领导力在不同情境及组织下适用。James 进行的组间领导行为比较测度研究,通过在被试小组及参照小组采取不同领导行为,对其带来的不同倾向性后果开展比较分析,由于他在分析时采用了更为实证主义的研究方法而备受推崇。

从文献来源上看,领导学著作和学术论文都成为研究成果的展示方式。学者的经典著作一直备受学界追捧,这些著作均出版于 20 世纪后期,彼时学者们擅长将其发现和提出的新观点、新理论通过著作的形式进行展

[①] 杜红,王重鸣. 领导—成员交换理论的研究与应用展望[J]. 浙江大学学报(人文社会科学版),2002(6):73-79.

[②] Wang H, Law K S, Hackett R. Leader-member exchange as a mediator of the relationship between transformational leadership and followers' performance and organizational citizenship behavior[J]. Academy of Management Journal, 2005, 48(3):420-432.

[③] 张莉,刘宝巍等. 基于领导—成员交换关系的沟通满意度研究[J]. 管理评论,2009(4):72-81.

示；当下占据主流的研究表达形式是学者发表的高影响力期刊论文。目前 The Leadership Quarterly，Journal of Applied Psychology，Academy of Management Review 等已经成为领导学研究的权威刊物，领导学拥有了自己的研究平台、交流平台，有利于学科的发展。

分析发现，高共被引文献的时间分布比较均匀，说明领导学学科的发展一直都在延续，但是从内容上看则出现了明显的分野，变革型领导、魅力型领导、真诚型领导、领导成员交换理论等吸引了学界更多的注意力，表明西方领导学学科发展出现了新趋势，印证了"新领导理论时期"的到来。该时期的起步阶段，学界提出了新的研究主题，因而上述文献多数围绕新领导理论的概念内涵、理论框架、价值意义等开展基础性理论构建，取得了丰富的研究成果；也有一些研究倾向于将领导学引入实践，试图通过现实设计、模仿案例等培养有胜任力的领导者，但是还远远不足，"如何培养卓越领导力"缺乏可靠的方案，成为阻碍领导学学科进步的短板；另外，上述研究大多都对新领导理论之前的研究进行了反思批判、经验总结，这也是现阶段领导学快速发展的基础。需要指出的是，上述文献研究在研究方法上取得了一些突破，不再局限于诠释主义、批判主义的研究途径，在实证主义研究途径上迈出了步伐，定性研究已经不能够满足要求，量化分析逐步被引入到分析方法中来，研究方法的多元化有利于创新性研究成果的出现。

第三节　西方领导学研究的前沿热点

通过对近二十年西方领导学研究成果的文献分析，尤其是基于代表作者和高频次共被引文献的研究，可归纳出当前研究的热点主题和前沿研究，包括变革型领导和魅力型领导、共享领导、团队与领导、破坏型领导、追随者研究、公共领导、服务型领导、交易型领导等主题。同时，研究通过对上述文献的关键词、主题词等进行聚类分析（限于篇幅及识别度，对图谱进行了一定剪辑），图谱也显示变革型领导、交易型领导、领导成员交换、领导特质、魅力领导、绩效等处于该领域的核心位置，而共享领导、伦理领导、团队领导、领导整合、女性领导以及社会认同、组织公民行为、自我效能、工作绩效、领导发展、因果效应、工作满意度、个体差异等也有较突出。这表明领导学研究的热点主题已形成多层次、多维度的立体结构性研究领域，不过不同主题的受关注度也有差异，传统主题延续热度，新兴主题不断生长，整个研究领域具有较强的活跃度。下面，研究结合前述分析对不同聚类主题开展综合性分析，展示本领域研究主题的基本现状及结构变化。

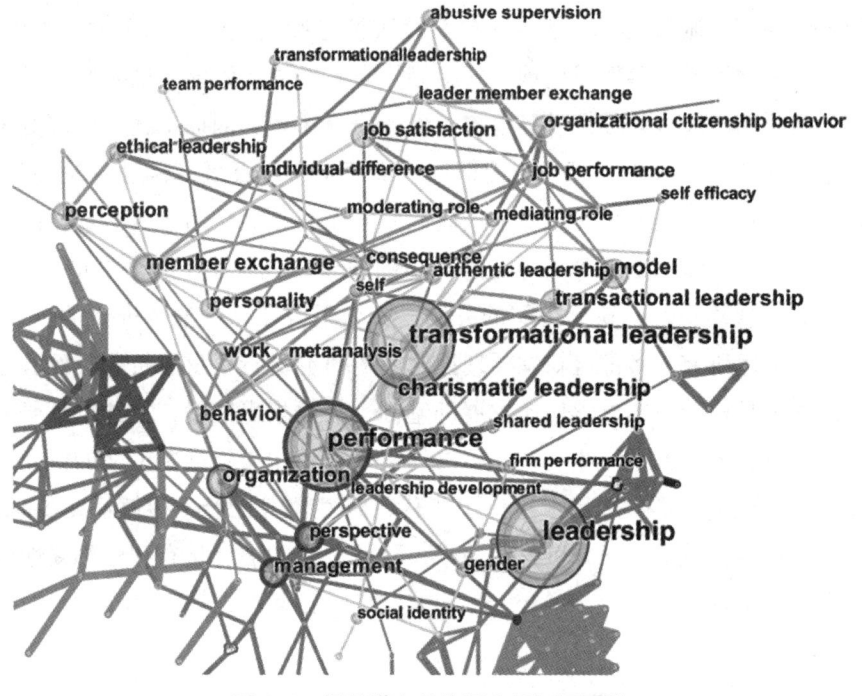

图 4-4 领导学文献共词分析知识图谱

一、变革型领导

20 世纪 80 年代，美国政治社会学家詹姆斯·麦格雷戈·伯恩斯提出了变革型领导（Transformational Leadership），这是继特质、行为和权变理论之后的新领导理论体系中的重要代表。变革型领导理论认为领导者和追随者是相互关联的个体，应当通过完善二者的互动模式来提升领导绩效，在这一过程中，变革型领导者通过表率行为和与下属沟通等方式来实现二者的高效互动。

Bass（1985）和 Avolio（1985）对变革型领导进行了深入阐述，提出了变革型领导的六个维度和四大行为方式。随着对变革型领导的深入研究，巴斯（Bass）进一步区分了变革型领导和交易型领导，他提出应当着重关注变革型领导的本质特征与表现形式。同时，他指出，变革型领导和交易型领导是完全不同的领导模式。交易型领导重点关注领导的管理；变革型领导注重激发追随者的潜能，构建群体与团队来提高组织绩效。① 同时，他构建了一个用于测试领导效能的多维尺度问卷——《多因素领导问卷》（MLQ），② 用于测试变革型领导、交易型领导和放任型领导的领导因素、领导效能与员工满意度等内容，③ 表4-2 展示了巴斯的领导模型。

表4-2 巴斯的变革型领导连续体模型

变革型领导	交易型领导	放任型领导
理想化影响	权变奖励	放任
鼓舞干劲	建设性交易	无交易
智力激发	例外管理	
个别化关怀	矫正性交易	

资料来源：〔美〕彼得·诺思豪斯. 领导学：理论与实践[M]. 南京：江苏教育出版社，2002.

Bass 对变革型领导的维度做了界定，并具体地诠释了不同维度的指向：（1）理想化影响：组织中的领导需要具有使命感、责任感，关注社会责任，重视组织内外部环境变化及利益相关者的利益协调，领导在人格、道德上具有模范带头作用，能够关注下属的内在动机，通过愿景设计、使命感召驱动下属、激励下属；（2）鼓舞激励：组织中的领导在坚定信仰和道德情操下，能够向下属展示自己的魅力、风格和责任感，领导对员工阐释组织及个人的价值导向、伟大使命，同时激发下属的内在动机，能够自发展现组织公民行为；（3）智力激发：领导能够提出变革性见解，对于下属组织使命感、组织认识、个体能力、创新动机等能够给予较科学的指导引导，促使员工综合能力的大幅度提升；（4）个别化关怀：领导者对员工

---

① Bass B M. Leadership and performance beyond expectations[M]. New York, Free Press, 1985.

② Bass B M, Avolio B J. MLQ multifactor leadership questionnaire for research: permission set[M]. Redwood City, CA, Mindgarden, 1995.

③ Bass B M. Transformational leadership: Industrial, military, and educational impact[J]. Mahwah, NJ, Lawrence Erlbaum, 1997.

的提拔、晋升、精神与物质激励等具有责任，领导愿意对下属展现出针对性、个性化的关心、关怀，进而促进不同的下属、员工能够按照其个体禀赋及潜质差异获得各自的发展进步，进而促进组织不同层面任务内容的完成和绩效目标的实现。

相关研究认为变革型领导与交易型领导存在较大的差异性，首先两者在目标设置上具有差异，变革型领导追求个性化、人性化的过程导向，变革型领导强调通过主动关怀、精神引领、使命驱动等引导追随者履行职责并超越职责，推动组织利益的崇高化和倡导员工的组织公民行为。交易型领导则是以目标为导向，强调效率和成本，在一定程度上抑制了员工的使命感，从而强化了其对经济利益和保健因素的需求。同时，变革型领导更愿意通过系统化的规划、沟通、授权等方式驱动员工的积极性，而交易型领导则更多的专注于采用经济激励、职位晋升等方式激发员工的主动性，然而对于一个组织而言，其经济激励、职位晋升的限制性因素也是存在的，因此在很多情况下难以完全利用这些手段激发员工的内在动机。交易型领导对于员工的控制性更敏感，而不太关注员工的组织公民行为、创新行为，并且不愿意在员工提升方面长期投入，这容易抑制下属的凝聚力和组织价值观形成。变革型领导更加重视员工的忠诚度、发展度、挑战意愿等，变革型领导希望下属能够重视创新性思维的培养。①

进入新领导理论时期，研究者对变革型领导的研究不再局限于概念界定和维度划分，而是探讨了变革型领导对于组织人力资本管理的作用、变革型领导的误区、变革型领导与领导创新、虚拟团队中的变革领导、变革型领导行为与心理、变革型领导与领导者的道德取向和变革型领导的有效性等。受行为理论的影响，本尼斯、纳拉斯、寇责斯、鲍斯讷和萨希金等学者围绕变革型领导的行为理性进行了深入分析。20 世纪 80 年代中期，本尼斯和纳拉斯通过对美国 60 位企业经理人和 30 位公共组织领导者进行访谈，深入阐释了杰出领导者的行为模式，提出了愿景型领导理论。2003年，寇责斯和鲍斯讷出版了《领导挑战》（*The Leadership Challenge*）一书，在书中深入阐释了"模范领导的 5 条行为准则"（The Five Practices of

---

① 〔美〕彼得·诺思豪斯. 领导学：理论与实践[M]. 南京：江苏教育出版社，2002.

Exemplary Leadership)，进一步深化了本尼斯和纳拉斯的研究。① 另一位学者萨希金则比较注重愿景型领导的测量，他运用"领导行为问卷量表/愿景型领导行为量表 LBQ（Leadership Behavior Questionnaire/The Visionary Leader）"和"领导概貌量表 TLP（The Leadership Profile）"，测量愿景型领导的效能，并将"原则性的领导（principled leadership）"这一标准作为测量的总指标之一。② 我国台湾学者董文慧等将领导—成员交换关系因素纳入变革型领导研究中，分析发现变革型领导在领导成员交换关系中更倾向于引导下属的组织承诺、价值观等维度要素，来提升下属与领导的契合度、认同感。

变革型领导的影响因素及其作用机制也是学界关注的一个热点。学界认为，变革型领导大都展现出一定的关系导向，而这种关系导向是驱动下属组织公民行为、个性能力提升、个体绩效与组织绩效实现的重要驱动力，并且变革型领导对下属的工作态度、满意度、组织承诺、公共服务动机、离职率、自我效能感等具有显著的影响。在变革型领导的作用机制方面，学界认为变革型领导能够正向驱动下属的创新性，但是由于创新行为的发生不仅仅与一个要素相关，因此不能够完全确定变革型领导对于下属创新行为的影响强度，学界通过对相关前因变量、中介变量的研究如公共服务动机、组织公民行为、个人—组织匹配、信息沟通以及认知能力、组织承诺、文化情境等的实证研究，提出变革型领导与上述变量的综合性效应是驱动下属不同行为倾向的机制逻辑。我国学者对于变革型领导机制因素的研究也强调了内在动机、领导成员交换关系、组织情境、下属自我效能感、组织的公平性、组织支持度以及领导关怀、心理授权、组织文化等在变革型领导影响机制中的作用效应，并构筑了比较完整的变革型领导作用机制模型。

综合分析变革型领导的作用机制与发展历程，我们发现，变革型领导具有以下几方面的特征。一是系统性。由以上对变革型领导研究的回顾可以发现，变革型领导是一个多元的概念，它是一个包含个体、

---

① Kouzes J M, & Posner B Z. The leadership challenge（3rd ed.）[M]. San Francisco, Jossey-Bass, 2003.

② Sashkin M, & Sashkin M G. Leadership that matters[M]. San Francisco, Berrett-Koehler, 2003.

对偶、群体以及集体的多层次现象。二是跨文化性。变革型领导顺应组织变革的时代趋势，善于激发员工创造性和积极性，因此，变革型领导深刻影响着员工的工作态度和工作行为，并在不同文化背景中呈现出不同的特征。这启示我们在全面深化和推进中国特色社会主义改革的过程中，应当强化变革型领导的运用，并结合我国的文化特征，推进中国特色社会主义事业的进步。三是动态性和创新性。① 十一届三中全会以来，我国更加强调创新与改革，展现出对强有力的富有创造性的领导的迫切需求。只有那些具有开阔视野，能够合理处理社会关系和社会矛盾，能够合理配置资源，并能引领潮流、促进国家与社会进步的变革型领导，才能适应我国变革与创新的需要。这就要求我国的领导干部应当有意识地培养和塑造自己，以变革型领导行为为指导，实现在动态环境中的个人成长与发展，为我国的新一轮改革与创新事业贡献力量。

二、魅力型领导

值得关注的是，这一时期，研究者开始将变革型领导与魅力型领导进行综合分析与交叉研究，他们认为变革型领导与魅力型领导在一定程度上具有相似性和趋同性，将逐渐走向融合。

德国社会学家马克斯·韦伯最早提出了"魅力"一词，他认为，"魅力是特殊的个性特征，它使人成为超人或者使人具有超常的能力，它只存在于少数人身上，它是天生具有的，结果这些具有魅力的人就被看成了领导者"。1924 年，他出版发行了《社会和经济组织的理论》（*The Theory of Social and Economic Organization*）一书，以合法性为原则，将领导权威划分为三种主要类型：传统型权威、法理型权威和魅力型权威。其中，魅力型领导被定义为注重领导者—追随者情感，并以领导者的个体魅力引导追随者服从。② 虽然韦伯强调魅力是个性特征，但是他也认为，追随者在领导者发挥其领袖魅力中扮演着重要的角色。个体的道德责任感促使追随者

---

① 吴琼，施建军. 在变革中领导：变革型领导理论述评[J]. 南京社会科学，2010 (2)：44-49.

② Weber, M. Henderson, A. M., & Parsons, T., Trans. The theory of social and economic organization[M]. New York, Oxford University Press, 1947.

服从领导者,这种服务的长久维持依赖于领导者品质与行为的提升,① 一旦领导者无法维持其个体魅力,即"harismatic"②,其个体权威也会逐渐消失。在领导功能上,韦伯提出,魅力型领导为社会的发展提供了新的指引,有助于推动社会的变革与发展。

20世纪70年代以来,豪斯逐步深化了魅力型领导的研究,提出魅力型领导应该具有三种基本特征:高度自信、支配他人的倾向、对自己的信念坚定不移。1976年,豪斯魅力型领导理论的提出为新领导理论踏上定量和实证研究之路奠定了基础,其后他一直试图构建能够测量出魅力型领导个体特征与行为模式的量表体系。他整理政治学和社会学中与魅力相关的文献,并得到一套可用于实证研究的定量命题。③ 这些命题由三方面组成,包括魅力型领导者的个体特征、行为模式和对追随者的影响,具体内容见表4-3。

表4-3 魅力型领导者的个性特征、行为表现以及对追随者的影响

个性特征	行为表现	对追随者的影响
支配性	树立强烈的角色榜样	信任领导者的理念
渴望影响他人	显示出有能力	追随者与领导者的信仰相近
自信	清晰表达目标	无怀疑地接受
坚定的价值观	寄予高期望	喜欢、认同领导者
人格魅力(诚信)	表露信心	情感投入
亲和力	唤起动机	目标提升
民主意识		增强自信

资料来源:〔美〕彼得·诺思豪斯.领导学:理论与实践[M].北京:中国人民大学出版社,2012.

同时,他指出,对魅力型领导进行研究必须注重领导者对追随者的影响力,并以此为依据来确定谁是魅力型领导者,从来深入探析魅力型领导者的个体特征。

---

① 此处的品质、行为或结果是指追随者认为有助于完成使命的品质、行为或结果。
② "harismatic"源于希腊语,本言语为有天赋的。
③ House R J. A theory of charismatic leadership: The cutting edge [M]. Illinois: southern luinois university press, 1977.

随后，Arthur（1993）、Conger（1998）、Hunt（1999）等学者又对其进行了深入研究。新时期学者们主要对国家元首的领导魅力、魅力型领导与其他领导模式的整合等进行了研究。其中，Conger 和 Kanungo 设计了一份用于测量领导者行为的问卷，具体涉及领导行为的六个方面，包括稳定性、环境敏感性、追随者需求敏感性、对抗性、愿景清晰度、非传统行为方式和个体责任意识。他们不仅将归因理论引入商业组织研究之中，还进一步发展了豪斯的模型，提出魅力型领导者应当具有技术专长，这有利于提高追随者对组织愿景的信赖力。①

总结有关魅力型领导的研究，虽然不同学者用不同的理论名词来描述，诸如愿景型领导、模范领导和最优领导等，其内容主题也有所差别，但是他们表现出共同的研究主张和思想趋势，即认为魅力型领导对部属的态度（组织承诺、组织公民行为等）、团队运作以及团队绩效等变量具有正向影响，② 是一种行之有效的领导风格。通过分析我们发现，魅力型领导对我国政府治理能力的提升和行政体制改革具有借鉴和指导意义，主要体现在以下几个方面。一是启示我们要善于塑造愿景。愿景是指领导者对未来蓝图的构想与概括，并以此来激发员工的渴望。在我国构建治理体系的过程中，应当让领导干部意识到他们将要做什么，能够做什么，积极激发他们的潜能，鼓励他们面临挑战，超越现有的行政体制框架，推动我国的体制机制创新和干部人事制度改革。二是启示我们要注重培养领导干部的演说与社会交往能力。中国的传统教育常常忽视培养人的演说与社会交往能力，甚至认为"巧言令色鲜矣仁"。但是，作为一个优秀的领导者，必须是一个引领者和激励者，他必须具备带领和鼓励员工的能力，因此一名优秀的领导者应当具备良好的言说能力。在我国新一轮改革浪潮袭来之际，如何提高领导干部的社会影响力和组织影响力，是一个非常重要的方面。这启示我们应当注重培养领导干部的演说与社会交往能力，从而引导组织和人民为推进我国的改革与行政制度创新贡献一份力量。三是启示我们要注重形象管理。形象管理强调应当为个人、

---

① Conger J A, & Kanungo R N. Charismatic leadership in organizations[M]. Thousand Oaks, CA, Sage, 1998.

② 陈致中. 魅力型领导理论综述及对管理者的启示[J]. 现代管理科学，2013（6）：33-35.

团体或组织建立"适当"的形象。对我国的领导干部而言，除了良好的专业素养外，还应当具有对社会成员的关怀、乐于交流与沟通等特征，从而建立起良好的领导者形象。在我国推进治理体系与治理能力现代化的过程中，必须充分发挥政府职能，而发挥政府职能中领导干部是关键。领导良好的形象管理对于推进政府体制改革和创新、扩大社会与人民的参与具有重要作用。

不得不说，伯恩斯的变革型领导理论和豪斯的魅力型领导理论的基础是德国社会学家马克斯·韦伯的魅力型领导思想。在以后的研究中，学者需要加强对变革型领导与魅力型领导的集成研究，同时注重分析它们与其他领导模式的关系，并编制相应的模型与量表，对虚拟组织、团队、新型组织、公共部门和群体中的变革型领导与魅力型领导进行比较分析、交叉分析，丰富理论与实践成果。

三、共享领导

共享领导（Shared Leadership）是近几年领导科学领域的新概念。共享领导起源于共同管理学说，它主张领导与下属共同承担领导责任，领导者给予下属更多的机会，充分发挥其主动性，从而最大限度地发挥团队潜力，提升组织绩效，实现共享领导。新公共管理奠基人 Robert B. Denhardt 在《公共组织行为学》中讨论了共享领导的内涵，提出共享领导是一个贯穿组织的行为过程，是一种"渗透于组织之中的领导力"。[①] 目前学界对于共享领导还没有权威一致的概念界定。国外主要研究者对共享领导存在一些理解，见表4-4。具体而言，共享领导主要包含以下几方面的内涵：（1）领导权力由团队成员共同掌握；（2）领导角色的动态性，共享领导是要求追随者或成员分担更多的领导职责，而领导者需要授权于下属；（3）团队成员具有较强的领导能力；（4）领导影响方式呈现网络化、交互化的特征；（5）领导目标的同质化与差异化的互补性；（6）共享领导对组织领导者与成员之间的相互信任、情感互动等人际关系要求较高；（7）共享领导在组织内是一个无边界的开放系统。

---

① 〔美〕罗伯特. B. 登哈特，珍妮特. V. 登哈特等著. 赵丽江译. 公共组织行为学[M]. 北京：中国人民大学出版社，2007.

表 4-4 国外主要研究者对共享领导的不同理解

研究者	相关理解表述
Grady 等（1997）	共享领导是一种基于责任的领导实践，要求所有成员都参与到团队绩效的改进中，核心包括责任承担、伙伴关系、平等和主动。
Jackson（2000）	共享领导是一种建立在共同管理哲学基础上的管理模式，更多地存在于人与人之间的关系中，每个人都能成为领导者。
Yukl 等（2001）	一个权力分享、分权授权的过程，通过实施领导力的合理分配提高个人的素质和集体的能力，从而更有效地完成组织任务。
Ensley 等（2003）	共享领导是一种管理过程，团队成员通过激励、协作、反馈的方式解决问题，通过交流和持续的行动，使得目标能够实现。
Pearce（2003）	共享领导是"组织中每个人相互影响、共同协作的过程，其目标是引导彼此实现组织目标"。
Ropo 等（2005）	共享领导是领导者与下属之间分享工作经验、专业知识、相互信任、制定决策、工作职责等。

资料来源：作者整理。

早在 1953 年，Berkowitzr 提出领导分享在小团体中有利于提升工作效率。随后，Jimm（1967）、Mealy（1976）、Weingast（1980）、Anthony（1981）和 Woo（1984）等学者又对领导分享的概念特质、意义价值、表现形式及其在培养新领导者的功效等内容进行了进一步的挖掘。[①]

进入新领导理论时期，学者们主要就共享领导的定义、视角、面临的挑战、与组织绩效的关系、方向、与员工参与管理的关系、过程、与自我管理型团队的关系等方面进行了研究。其中，Pearce（1999）对分享领导进行了多层次多维度分析，研究什么样的工作适合分享领导；Perry（2000）介绍了多部门之间如何开展分享领导的问题；Page（1999）和 Lambert（2002）分别构建了领导的分享体系和共享领导的逻辑框架；Merry（2004）以共享领导的角度分析了领导工作的开展，提出领导就是共享与循环的体系，通过领导与下属之间形成共享体系，提升组织绩效。[②]

---

① Pearce C L, Sims H P. Vertical versus shared leadership as predictors of the efectiveness of change management teams: An examination of aversive, directive, transactional, transformational, and empowering leader behaviors[J]. Group Dynamics-Theory Research and Practice, 2002, 6 (2): 172-197.

② Orvis, Karin A, Ratwani, Krista Langkamer. Leader self-development: A contemporary context for leader development evaluation[J]. Leadership Quarterly, 2010, 21 (4): 657-674.

2005年以来，Lowe（2006）、Ensley（2006）、Pearce（2007）、Carson（2007）、Crumley（2008）、Gockel（2010）分别对共享领导的新逻辑、共享领导与垂直领导、共享领导的理论体系和角色定位、团队中的共享领导、共享领导的结构模型进行了深刻阐释。① 通过上述研究，学者们归纳出共享领导具有的几大特质：共享领导存在于合作协同之中，共享领导要求追随者分担职责与授权，信任、情感、互动、开放是其关键要素。

伯恩斯指出，领导理论的最终理想之一是要把追随者转化为领导者。基于高质量领导—成员交换关系的分享领导是实现这种转化的必要条件。共享领导是一种存在于团队合作之中的共同管理过程，体现的是团队—成员交换关系的发展要求，契合了领导—成员交换关系理论的发展思路。也就是说，共享领导是组织领导者与追随者深度交换的产物，是建立在高质量领导—成员交换关系之上的过程管理模式，高质量领导—成员交换关系的实质是在组织团队中实现共享领导。

共享领导的关键要素是权力共享和责任共担，② 而授权是共享领导最显著的标志。Lewis认为授权意味着承担风险，因此领导者必须信任他的下级才会采取行动。基于高质量领导—成员交换关系的共享领导是从领导者与下级的初次接触开始的。最初成熟度高的成员能够得到较多的信任，为自己赢得比别人多一些的授权优势，从而增加更多的绩效和贡献，双方的相互信任、信息交流、情感互动等受到正强化，形成了领导者与追随者之间不断增强的互动交换循环，促使高质量领导—成员交换关系建立起来，实际工作中共享领导以参与决策、情感交流、管理沟通、向上领导等形式体现出来。在高质量领导—成员交换关系情境下，领导力通过追随者"渗透于整个组织之中"，领导者与追随者之间实现了共享领导。对于领导者，他从中获得了更多的尊重、更高的绩效、更多的追随、更多的资源；对于追随者，他收获了相应的认可与信任、信息与技能、升迁与成长，也通过追随行为逆向影响了领导者的用人权、决策权、指挥权、奖惩权等。

---

① Lowe K B. Shared leadership: Reframing the hows and whys of leadership[J]. Leadership Quarterly, 2006, 17（1）: 105-108.

② 边慧敏，彭天宇，任旭林. 共享领导：知识团队中领导模式的新发展[J]. 中国行政管理，2010, 299（5）: 42-42.

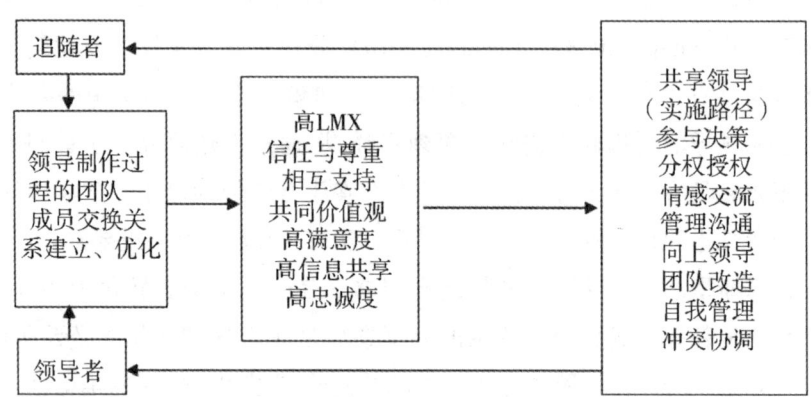

图 4-5　基于高质量 LMX 的共享领导动力机制

在共享领导的结构维度上，Mayo 从纵向与横向上将共享领导分为领导分布和领导程度两个维度，领导分布和领导程度通过不断的互动促进共享领导的实现。① Yukl 从领导行为入手，提出基于工作导向行为、关系导向行为和变革导向行为的维度划分，进而将其导入共享领导范畴。② Wood 提出共享领导的四维度论：共同完成任务、相互技能开发、成员互动分权和情感支持。③ 国内的刘博逸划分的四个维度是：绩效期望、团队学习、相互协作和权责共享。④ 共享领导的结构维度更注重领导管理的行为过程，如分布式领导、团队学习、技能开发、互动分权等，这些行为过程受个体高层需求指导和影响。

对于共享领导与组织绩效的关系研究，不仅能够进一步明确共享领导在组织中的实施方式，而且可以指导领导者合理地利用这些方式提升组织绩效。已有的实证研究可以帮助我们了解情况，Pearce 等对汽车制造商等开展研究，发现共享领导在提升组织绩效方面是非常有效的，共享领导可

---

① Mayo M, Meindl J R, Pastor J. Shared leadership in work teams. a social network approach[M]. Institutional de Empresa, 2002.

② Yukl G. An evaluative essay on current conceptions of effective leadership[J]. European Journal of Work and Organizational Psychology, 1999, 8: 33-48.

③ Wood M S. Determinants of shared leadership in management teams[J]. International Journal of Leadership Studies, 2005, 1 (1): 64-85.

④ 刘博逸. 共享领导的概念内涵、内容结构、绩效水平与实施策略[J]. 理论探讨, 2012, 164 (1): 162-167.

以促进组织成长，增强竞争优势。① Yoo 和 Alavi 发现，在社会工作领域和合资企业高层管理团队中，共享领导比直线领导对团队的激励更有效。Carson 等运用社会网络分析方法对 59 个新型团队开展了长期调查，结果也发现采用共享领导的团队能够较快地完成任务、实现目标。② 国内学者王永丽等以 40 个大学生团队为样本的研究，发现授权式共享领导在鼓励团队协作、参与目标设定、实现团队目标等方面有积极作用。③ 郭忠金等发现共享领导能够包容领导权威，实现团队成员行为整合，降低团队大规模和异质性带来的消极效应，并促进团队社会资本、技术专长、管理经验、信息资源等多重聚合。④ 这些研究表明，在组织、团队中开展共享领导能够显著影响组织绩效，促进组织成员关系的改善、最大限度地利用资源、提升成员的参与意愿。但遗憾的是，共享领导对组织绩效的影响程度还未能量化，一些具体的测量方法还有待明确，这也是下一步研究的方向。

改进成员行为是提升组织绩效、实现组织目标的关键要素。因此，学者们非常关注共享领导对成员行为的影响，并且往往将共享领导放在团队合作情境下考虑，不强调领导者与追随者的职位差别、角色差异，重点关注团队成员领导行为是如何做出的及其实现的效果。从这个角度出发的研究主要有：Avolio 等研究发现，共享领导与团队成员的额外付出、满意度、潜能发挥等密切相关。⑤ McCrea 分析认为，开展共享领导的组织提高了成员参与决策的积极性，增进成员之间的相互协作，增强团队成员的责任感

---

① Pearce C L, & Sims H P. Jr. Vertical versus shared leadership as predictors of the effectiveness of change management teams: An examination of aversive, directive, transactional, transformational, and empowering leader behaviors [J]. Group Dynamics: Theory, Research, and Practice, 2002, 6 (2): 172-197.

② Carson J B. Tesluk P E. & Marrone, J. A. Shared leadership in teams: An investigation of antecedent conditions and performance[J]. Academy of Management Journal, 2007, 50 (5): 1217-1234.

③ 王永丽，邓静怡，任荣伟. 授权性领导团队沟通对团队绩效的影响[J]. 管理世界，2009，(4): 119-127.

④ 郭忠金，姚振华. 企业高管团队组织与领导行为关系研究[J]. 学术研究，2011 (7): 88-97.

⑤ Avolio B J, Jung D I, Sivasubramaniam N. Building highly developed teams: Focusing on shared leadership processes, efficacy, trust, and performance [A]. US: Elsevier Science/JAI Press, 1996: 173-209.

和凝聚力。Fields 等研究发现，共享领导可能会对团队成员的工作角色冲突、角色模糊、工作压力及工作满意度产生直接影响。后来，Wood 等运用结构方程模型对美国基督教 200 名高层管理者的数据研究印证了 Fields 等人的观点，指出共享领导与团队成员的角色冲突、超负荷工作以及压力呈负相关，与团队成员的工作满意度呈正相关。① Scott 和 Caress 则认为，共享领导可以鼓励组织成员参与决策、制订行动计划和分担行政事务，并且提供社会互动机会，帮助成员建立伙伴关系。从这些结论可知，共享领导对团队成员具有很大的塑造作用，重塑了传统意义上领导者与追随者的角色定位，使追随者或普通成员承担了更多的领导行为，并且使团队结构更具弹性、灵活、聚合等特点，适应了社会发展趋势。

未来一段时期，学者应当着重探讨共享领导与组织绩效、共享领导中的信任、共享领导中的授权、团队中的共享领导、共享领导的风格、共享领导的进程、共享领导的绩效管理、共享领导与个体行为等内容，并构建相应可测度的量化模型，不断丰富共享领导的理论成果。

结合共享领导的概念与发展历史，发现共享领导正是与我国善治理念相契合并且打破传统领导局限的新型领导模式。所谓善治，即良好的治理，它诠释了治事对于公共组织特别是政府角色、责任、权力、管理方式等方面的要求。它具有如下特征：合法性、透明性、责任性、法治性、回应性和有效性。结合共享领导理论，提出善治视角下我国公共部门共享领导模式的构建途径，以期为我国治理体系的构建提供参考。一是建设信息中心，为我国公共部门的领导活动提供信息；二是定期召开公共部门领导会议，通过民主协商、综合讨论的方式确定公共领导的职责分配和目标体系。三是加大对领导干部的培训与教育，进一步明确公共领导者的角色定位：牵引者、参与者、推动者和纠正者、帮助者。②

四、团队与领导

对团队的研究很早就开始了，1905 年，Friederichsen 对团队链条进行

---

① Wood M C, & Fields D. Exploring the impact of shared leadership on management team member job outcomes[J]. Journal of Management, 2007, 2 (3): 251-272.

② 罗向菲. 善治视角下公共组织共享领导模式的构建[J]. 学理论, 2010 (11): 72-75.

了探讨，而关于团队与领导的研究20世纪中期才开始。20世纪90年代前后，研究者都将主要精力放在领导与组织团队绩效的探讨上，而关于领导如何构建绩效型团队和团队管理的探讨较少。

21世纪以来，Ford与Burke（2002）、Northouse（2004）、Day D. V.（2004）、Mehra（2006）、Boies（2006）、Yukl（2006）和Black（2006）等学者对团队与领导进行了拓展分析。① 其中，Ford和Burke率先分别讨论了关系型领导与团队、团队领导互动及团队中的领导行为问题；② Northouse详细阐释了领导者的功能，并构建了领导—团队模型，分析了群体效能的影响因素。③ Day的研究认为，领导是团队工作、学习等活动的产出结果，因而领导实际上是团队适应环境和提升绩效的重要能源。④ Mehra介绍了团队中的分布式领导；Boies阐释了团队中的领导—成员交换；Yukl对团队进行了划分，将团队分为自我管理团队、执行团队、多功能团队和自主决策团队等类型，并讨论了不同类型团队的特征，指出自我管理型团队和自主决定型团队具有分享领导的特征。⑤

未来一段时间，学者应将更多的注意力用在探究团队领导及领导力的系统化培养、团队领导的动力机制、团队中领导与成员的共享领导问题等方面。尤其是在现代组织中，团队领导因其在权力再分配、信息沟通、责任共享方面的优越性，已经在实际应用中得到较好的拓展，目前的实施途径主要落实在以下几个方面：一是共同决策。团队领导也借鉴了领导—成员交换关系理论的重要经验，领导—成员交换关系质量高低的第一块试金石一定是追随者参与决策的程度，共同决策是在组织团队内部开展共享领

---

① Black J A, Oliver R L, Howell J P. Etc. A dynamic system simulation of leader and group effects on context for learning. [J]. Leadership Quarterly, 2006, 17 (1): 39-56.

② Boies K, Howell J A. Leader-member exchange in teams: An examination of the interaction between relationship differentiation and mean LMX in explaining team-level outcomes [J]. Leadership Quarterly, 2006, 17 (3): 246-257.

③ Northouse P G. Leadership: Theory and practice (3rd ed) [M]. London: Sage, 2004.

④ Day D V, Gronn P, & Salas E. Leadership capacity in teams [J]. Leadership Quarterly, 2004, 15: 857-880.

⑤ Yukl G. Leadership in organizations (6th ed) [M]. Upper Saddle River, NJ: Prentice-Hall, 2006.

导、领导共担的题中之意。共同决策对于团队中核心追随者的个人责任感、团队凝聚力、综合素质等的重塑是难得的机会。我们承认，追随者参与决策对于领导者吸纳更多意见、做出正确的决策、提升决策水平是有效的。然而，更重要的含义是，不论他是赞成或反对最终的结果，一旦做出团队决策，他实际上就已经同意了该决策。[①] 追随者如果能够参与到团队决策的讨论，共同决策将事半功倍。二是向上领导。向上领导是追随者运用自身优势开展共享领导的重要方式之一。这是由芭芭拉·凯勒曼提出的一种管理方式，她认为追随者或团队成员应该自下而上地发挥影响力，在有限的专长权力下发挥领导力作用，帮助领导者获得理想的目标。[②] 需要明确的是，没有追随就没有领导。在此基础上，追随者能够利用其特殊专长，提升自己对领导者的影响力，改变上级的领导行为。虽然向上领导是具有不确定性、风险性的，但是组织应该欢迎"向上领导"，这对于领导者也是一个提升过程。通过向上领导能够培养追随者的觉察力和独立性，提升追随者的成熟度，满足其"自我实现"的需求，促使追随者向领导者转变，实现共享领导的重要目标。三是高效沟通。有人认为，信息就是沟通，上级对于下级具有不对称信息优势。事实上，沟通不同于信息。沟通所要表达的是感知、期望、要求，而仅有更多更好的信息是解决不了沟通问题的。管理沟通实际上是将目标管理融入沟通，使设定目标的双方可以明晰相互之间的渴望、动机，实现信息利用的高效率。在共享领导过程中实施管理沟通是必要的，组织或团队的追随者能够及时与领导者互通有无，争取指导建议，激发工作积极性，提高沟通满意度和自我效能感。四是情感交流。赫兹伯格的双因素理论和马斯洛的需求层次理论都表明了情感交流对于组织中人的重要性。Deluga 认为情感交流强化了领导者与其追随者的适宜性（compatibility），帮助追随者准确地理解领导者的目标期望和价值理想，从而改善其绩效。[③] 情感交流是领导者帮助下属建立自信、树立信念、提升勇气、加

[①] 彼得·德鲁克著. 陈小白译. 管理：任务、责任和实践[M]. 北京：华夏出版社，2007：279.

[②] 战伟萍，芭芭拉·凯勒曼. 追随力：追随者们如何创造变革并改变领导者[J]. 公共管理评论，2009（1）：186-191.

[③] Deluga R, Perry T. The role of subordinate performance and ingratiation in leader-member exchanges[J]. Group and Organization Management, 1994, 19: 67-86.

强认同的最佳方式。另外,在现代组织中,物质报酬的激励作用是有限的,但是其成本却在剧增,① 而深度的情感交流对追随者起到的激励作用远远大于物质报酬。因而,作为共享领导重要实现途径的情感交流已经成为提升组织绩效的必然选择。

五、破坏型领导

一直以来,领导学研究的内容主要集中在建设性的领导行为上,大量的文献都在探讨领导者与下属之间的关系,旨在更好地实现领导与下属之间关系的互动,推动领导力的提升和组织目标的实现。然而,新领导理论时期一批学者开始关注领导的"阴暗面",领导负性行为对于组织的影响也值得深入探究。他们认为,领导的某些动机与行为是具有破坏性的,对提升下属积极性与组织绩效都是不利的。一段时期以来,学界对于领导的破坏性、负性行为的研究越发深入,破坏性领导的基本特征之一是领导依靠自身的职位权力,通过刚性行为控制组织发展方向,驱动组织实现自己制定的目标,同时可能展现出比较独断专行的一面,这种领导对于组织公正透明规则的破坏也是比较明显的。

然而,通过一系列的深入研究,学界又发现,所谓的破坏型领导不一定是不合格的领导,一些有道德、有责任的领导也可能成为破坏型领导。破坏型领导的界定存在差异性和阶段性。1994 年,Ashforth 提出领导行为之中存在一定程度的"小额暴政",随后,Tepper(2000)、Popper(2001)、Kellerman(2004)、Frost(2004)和 Lipman-Blumen(2005)对领导"滥用监督权"、领导的阴暗面、"坏领导"和"有毒领导"等进行了分析。② 值得一提的是,2007 年,领导学顶级期刊《领导学季刊》(*Leadership Quarterly*)呼吁学者应当加强对破坏型领导的研究,Padilla、Ferris、Einarsen、Mumford、Schaubroeck、Harris 和 Harvey 等学者对其进行了相关探讨。Padilla 提出了领导活动中存在一个"有毒三角":破坏型领导者、

---

① 彼得·德鲁克著.陈小白译.管理:任务、责任和实践(2)[M].北京:华夏出版社,2007:137.

② Harvey, Paul, Stoner, Jason, Hochwarter, Wayne. ect. Coping with abusive supervision: The neutralizing effects of ingratiation and positive affect on negative employee outcomes[J]. Leadership Quarterly, 2007 (3): 264-280.

易受影响的追随者和有利的环境;① Ferris 围绕战略欺凌建立了模型,强调在合适的环境下,领导技能的提升容易加大战略欺凌的产生,反过来,又对领导和下属产生不利的影响;Einarsen 对破坏型领导的概念进行了界定并构建了理论框架。

另外,Mumford、Schaubroeck、Harris 和 Harvey 等学者将定性与定量方法运用到破坏型领导研究中,分别对领导暴力的来源、破坏型领导者的特质、领导滥用监督权对组织绩效的影响、如何应对领导滥用监督权等进行了阐释。② 这些研究突出了破坏型领导对组织及其下属的消极影响,一些统计数据还显示在发达国家的企业组织中,普遍性地存在着破坏型领导,他们对组织的消极影响造成较大的经济损失和人员损耗,这些破坏型领导经常引发下属员工的低满意度、高离职率和绩效下降行为,同时破坏组织既定的发展规划,引发组织效能的全面衰退。但是,另一方面的研究发现,破坏型领导往往也遵循其自己的领导特质和组织情境规律,因此破坏型领导在短期内或许可以提升组织的效益目标,由于对刚性规则的颠覆和破坏,组织在短期内能够呈现出一种变革态势,继而在某些层面节约成本、提升效率,但是往往这种现象不能持续,因此破坏型领导的矛盾性集中地呈现在这一段时间。

对于破坏型领导的作用机制、影响因素的研究,主要是从组织透明度、公平公正度、心理契约关系、领导—成员交换关系、满意度与离职率等方面进行的,通常的实证分析结果显示,破坏型领导对组织及个体的发展呈现负向相关性,且其伤害性是比较深远的,往往不能够仅仅通过更换领导者来解决。

总体而言,破坏型领导的研究尚处于起步阶段,未来应当从不同视角对破坏型领导进行探究,构建破坏型领导的逻辑体系,设计测量破坏型领导的工具方法,深入分析破坏型领导产生的原因及其规避策略。

---

① Padilla, Art, Hogan, Robert, Kaiser, Robert B. The toxic triangle: Destructive leaders, susceptible followers, and conducive environments[J]. Leadership Quarterly, 2007 (3): 176-194.

② Einarsen, Stale, Aasland, Merethe Schanke, Skogstad, Anders. Destructive leadership behavior: a definition and conceptual model[J]. Leadership Quarterly, 2007 (3): 207-216.

六、追随者研究

尽管我们一直知道追随者和追随力是领导系统的重要组成部分,但是有关追随者的研究却并不多。近年来,随着领导学研究的逐渐深入,学者们开始关注追随者。追随者作为领导生态系统中的重要组成部分,越来越受到重视,特别是在新领导理论时期,学界对其进行了广泛的探讨和研究。正如学者 Horsfall(2001)指出的那样,某些成员在一个团队中担任追随者的角色,但是在另外一个团队可能担任领导者的角色。1992 年,Robert Kelley 对追随者进行了概念界定,认为其不同于一般的下属,它是睿智的、独立的和责任感强的人。随后,Hall(1995)、Meindl(1995)、Body(1998)、Mumford(2000)等学者对追随者视角、追随者中心理论、领导者—追随者关系、追随者动机进行了深入研究。① 进入 21 世纪后,学界对追随者的研究更加多样化、体系化和综合化,形成了以 Kellerman 为中心的研究者集群。其中,Offermann(2001)、Ehrhart(2001)、Wong(2002)、Nelson(2005)、Reicher(2005)、Collinson(2006)、Lapidot(2007)、Campbell(2008)、Stam(2010)、Carsten(2010)等学者对领导者—追随者与价值观的形成、魅力型领导与追随者、追随者的情绪智力与绩效、追随力的持久性、领导者—追随者合作、追随者身份识别、追随者与信任、领导者—追随者关系维度、追随者监管、追随力等要素进行了探讨。② Whiteley(2012)还运用皮格马利翁效应对领导者的追随观念进行了分析。③ 未来的追随者研究应当注重从追随力和追随者的多层次分析与维度构建、追随力的长效培养、追随者的跨领导与跨文化研究、领导者—追随者互动、追随者的领导行为等方面入手,并注重多维尺度分析的运用与逻辑模型的构建。

"追随者"一词的使用源于 20 世纪 80 年代,有学者指出,它可以用

---

① Boyd N G, Taylor R R. A developmental approach to the examination of friendship in leader-follower relationships[J]. Leadership Quarterly, 1998, 9(1): 1-25.

② Stam D, Van Knippenberg D, Wisse B. Focusing on followers: The role of regulatory focus and possible selves in visionary leadership[J]. Leadership Quarterly, 2010, 21(3): 457-468.

③ Whiteley P, Sy T, Johnson, S K. Leaders' conceptions of followers: Implications for naturally occurring Pygmalion effects[J]. Leadership Quarterly, 2012, 23(5): 822-834.

于替代"下属"一词，Yukl（2006）指出，追随者是在组织中受到领导者影响并积极发挥主动性和能动性的成员，并更好地成为组织活动的合作者和参与者。Kellerman 指出追随者与下属的不同之处在于，与领导者相比，下属的权力和影响力都较小，而追随者存在一种无形的影响力。事实上，在进行领导学的相关研究的时候，追随者也常常被以其他方式提及，包括受领导影响的人、合作者或者领导的另一面等，因此很多关于追随者的定义都是不同的，基于对领导的解读和不同的文化社会环境，不同的学者给出了不同的定义。但是，值得肯定的是，众多学者都认可，领导者和追随者是一体的，他们是一个关系的统一体，并互相影响，追随者往往在这一过程中不断进步和成长并成为新的领导者。不得不说，在定义追随者和追随力的初期，很多学者还是从领导力的视角来进行定义，虽然文化环境和组织环境略有差异，但是以领导者为中心的追随力定义仍然是主流。例如，最初 Townsend（1997）、Gebhart（1997）、Bjugstad（2006）等学者认为，追随者就是遵守领导者指令并采取与情况一致的适当行动，并实现组织目标的下属。而追随力是在领导者、追随者与环境三者之间互动中所产生的一种影响力。在随后的研究中，学者们逐渐认识到，不应当简单地将追随者划拨为领导的附属品，他们应当是独立存在的组织中的重要个体，必须用更加平等的视角去认识追随者和追随力。因此，Kelly（1988）、Howell（1999）和 Crostley（2006）、Carsten（2010）等指出，追随者和领导者是一个互动整合的整体，他们互相影响，不仅领导者会对追随者产生影响，同时追随者也会影响领导者，并能够对组织目标的实现和组织绩效产生影响。因此，有关追随者的研究仍将持续，如何理清领导者与追随者之间的关系仍然是研究的重点，庆幸的是，目前追随者的地位和价值已经被更加广泛地认识到了。

学者 Brian Crossman 和 Joanna Crossman（2011）的研究指出，一直以来有关领导者和追随者的研究都是交叉进行的，这种重叠性的多样化研究可以被分为四类：一是个性化或以领导为中心的理论；二是基于追随者的以领导为中心的理论；三是多重领导，包括通常所说的共享领导、分布式领导和集体领导；四是有关追随力研究的相关文献。"个性化或以领导为中心的理论"的代表学者包括 Burns（1978）、Sashkin（2004）、Mumford（2008）、Avolio 和 Reichard（2008）等，他们更多地认为领导者和追随者的关系是一种自上而下的过程，领导者的思想意思、观点和行为都会对追随者产生影响并指导追随者的行动。"基于追随者的以领导为中心的理论"认为领导者和追随者的关系是一种自下而上的过程，开始从追随者的角度去理解领导的构成和领导活动的开展，但是从本质上来说，它虽然考虑到了追随者的因素，但是它的目的和最终的研究目标仍然是领导力。"多重领导，包括通常所说的共享领导、分布式领导和集体领导"的核心观点是领导者和追随者都是组织中的重要组成部分，领导不仅在正式的组织互动中产生，也在其他组织环境和互动中产生。但是多重领导所包含的内容非常丰富，包括共享领导、分布式领导、团队领导等内容。正如学者 Gronn（2003）和 Shamir（2007）所指出的那样，多重领导非常复杂，他们从不同的视角对领导者和追随者的关系进行探讨，从某种程度上来说，在分析领导活动时，既不承认领导者的中心位置，也不承认追随者的中心位置。但是基于多重领导的追随力的研究都逐渐认识到领导者与追随者的关系不再是单一的自上而下或者自下而上的关系，而是一种多元互动的过程，甚至在一个团队中可能会出现多个不同类型的领导者。

有关追随力研究的相关文献内容也非常丰富，并逐渐从以领导者为中心的研究向以追随者为中心的研究转化，追随者在组织发展中的重要作用也逐渐被认可。学者 Bjugstad（2006）将有关追随者的研究划分为三个领域：追随者的动机、追随者的价值观和信任、有效的和无效的追随者的特征。[①] Baker（2007）不仅对追随者与领导者之间的关系进行了详细的解读，还把有关追随者的研究划分为三种类型：一是描述性的研究，重点关注追随者的定义、个体特征和行为；二是规范性的研究，重点关注追随者的有效的行为，以及其如何对领导者产生影响；三是不同情境下领导与追随者之间的关系以及追随者和领导者之间是如何互相影响的，虽然这一部分的研究成果并不多，但是非常有价值。[②]

同时学界还有一个趋势，即将追随者研究划分为两个研究视角：基于角色的追随和基于建构主义的追随。基于追随角色的研究最关注的是，

---

① Bjugstad K, Thach E C, Thompson K J, et al. A fresh look at followership: a model for matching followership and leadership styles [J]. Journal of Behavioral and Applied Management, 2006, 7 (3): 304.

② Baker B D, Orr M T, Young M D. Academic drift, institutional production, and professional distribution of graduate degrees in educational leadership [J]. Educational Administration Quarterly, 2007, 43 (3): 279-318.

"如何理解追随者的特质及其行为,促使追随者与领导者形成正确的角色组合"。例如,被动的追随者往往与积极的领导者之间存在不一样的行为风格,这将会导致他们之间的合作难以进行,而积极的追随者又难以将个人建议有效地汇报给独裁式的领导。因此,研究者们期望探寻一种方法避免这种事件的发生。这种方法一方面能够使追随者更好地适应角色环境,另一方面也应该利于组织将追随者培养为未来的领导者。基于追随角色的研究,赞同"追随者是领导活动的创造者,是领导者的创造者"。[1] 角色视角从不认为追随者就是一味追随,他们认为理解追随者与理解领导者同样重要,因为未来的领导者正是来源于现在的追随者。[2]

建构主义的观点描述人们是如何走到一起并在社会过程中共同建构了领导者和追随者。[3] 这一观点认为,领导者与追随者关系的建构应该是长期意见表达、民意互动的结果。[4] 同时认为,追随者与追随力是不能从领导活动中分离的,它们本身就是领导者与领导活动的基本建构要素之一。沙马尔提出,领导活动的建构有赖于追随者与领导者之间行为与关系的"合拍"。[5] 因而关注领导者与追随者互动关系的领导—成员交换理论在建构主义视角中受到推崇。Fairhurst 和 Uhl-Bien 则提出了追随者的理性行为在建构领导关系中的作用。[6] 建构主义认为,对于领导力的有效性考察应该放在追随者行为环境中,因为追随者是检验领导力的工具,只有真正的追随者才会去回应和追随领导者的影响感召。

基于角色而构建的逻辑体系主要集中在追随者对其角色的诠释上,并

---

[1] Sun, Peter Y T, Anderson, Marc H. Civic capacity: Building on transformational leadership to explain successful integrative public leadership[J]. Leadership Quarterly, 2012, 23 (3): 309-323.

[2] Rainey H G. Understanding and managing public organizations[M]. San Francisco, CA: Jossey-Bass. 2003.

[3] DeRue S, Ashford S. Who will lead and who will follow? A social process of leadership identity construction in organizations[J]. Academy of Management Review, 2010 (4), 627-647.

[4] Fairhurst G T, Uhl-Bien M. Organizational discourse analysis (ODA): Examining leadership as a relational process[J]. The Leadership Quarterly, 2012, 23 (6): 1043-1062.

[5] Shamir B. Leadership takes time: some implications of (not) taking time seriously in leadership research[J]. The Leadership Quarterly, 2011, 22 (2): 307-315.

[6] Fairhurst G T, Uhl-Bien M. Organizational discourse analysis (ODA): Examining leadership as a relational process[J]. The Leadership Quarterly, 2012, 23 (6): 1043-1062.

关注与追随者角色相关的结果。这一体系不把领导者作为领导活动的唯一实体,而是将关注点集中在追随者的行为特征,它将追随者的行为特征作为追随结果的先导,探讨它对个体、关系和工作团体各个层面的影响。[①]从角色的层次出发,可以发现,正是这些追随者和领导者在组织中的交互行为构建了追随过程。这些行为活动为领导者和领导过程服务,减少领导行为和领导过程中的偏差,从而使领导者集聚在一起。追随结果是基于领导过程中的追随者行为特征而产生的,这些结果通过四个层面呈现出来:领导者个体层面、追随者个体层面、关系层面和组织层面。

基于建构主义的逻辑体系集中探讨了领导与追随者之间的互动与相互影响,从而共同完成领导活动的过程。这一框架体系最基本的假设就是领导活动的开始是由领导者和追随者共同构成的。Shamir(2012)指出,如果人们开展一项领导活动,却没有对追随者行为做出回应,那么它不能被称之为领导。[②] 因此,建构主义的观点认为,追随是个体或集体做出追随行为并建构领导活动的过程。这一逻辑体系还非常注重对"未追随(non-following)"的研究,即当某一领导行为没有得到有效的追随行为的回应,就会产生未追随现象。[③] 例如,在一个正式组织里,当领导者的领导行为遭遇追随者抵抗性行为回应时,未追随就产生了。抵抗性行为是消极的,是从本质上对领导行为的否定,例如忽视或者撤离。但是,有时候抵抗性行为也可能产生积极的作用,例如,当一个领导者的领导意图和另外一个领导者的领导意图相抵触,就会产生组织里的权力竞争。

一般而言,追随者的角色是非常模糊的,正因为如此,这一框架体系集中探讨了影响追随者角色建构的因素、追随者角色建构的方向等内容。同时,因为角色知觉和方位影响着角色的行为模式,所以追随者的特征受到个体和团体层面追随者角色扮演的影响。

总的来说,虽然学界针对追随者的研究不断增加,但是对于追随者的

[①] Shalit A, Popper M, Zakay D. Followers' attachment styles and their preference for social or for personal charismatic leaders[J]. Leadership & Organization Development Journal, 2010, 31 (5): 458-472.

[②] Hinrichs K T. Follower propensity to commit crimes of obedience: The role of leadership beliefs[J]. Journal of Leadership & Organizational Studies, 2007 (1): 69-76.

[③] Van Wart M. Public-sector leadership theory: An assessment[J]. Public Administration Review, 2003, 63 (2): 214-228.

研究仍然处于起步阶段,在未来的研究中应当尝试并推进追随者的定量研究,针对不同的环境设计定量调查问卷,对追随者的不同维度进行测试,并积极探索追随者是如何影响领导者的,尤其是在变化多端的组织环境中。值得欣喜的是,学界已经逐渐认识到追随者研究的重要性,并承认在组织发展的过程中,成为领导者的重要前提是你必须是一个很好的追随者,追随者与领导者之间的角色有时候甚至是相互转化的,这种转化是基于不同的组织环境和社会环境而产生的。通过加强追随者研究,不仅强化人们对于追随的理解和认同,同时有利于满足不同组织对于追随者培养的需求。

七、公共领导

公共领导的观点与主流领导学研究的发展是一致的,也先后经历了起步、衰落与重新繁荣的阶段变化。20世纪中期,学者就开始对公共部门领导力的相关问题进行探讨,Macmahon(1939)率先对政府管理者进行了研究。[1]

在之后的很长一段时间里,公共领导的研究主要集中在行政领导,学者对政治型领导者做了大量的研究,诸如对行政官员和高级首长的研究。随着公共领导研究的深化与拓展,学者们发现,行政领导或许只是公共领导的一小部分,公共领导的研究不仅包括行政部门或行政官员的领导活动,还包括非营利组织、公共组织和社会组织等的公共领导行为。公共组织和他们的领导者在有限的资源中,实现公共绩效,满足公共需求。20世纪90年代以来,学者们对公共部门领导力的研究真正意义上实现了从行政领导向公共领导的转化。2001年,Kellerman对公共领导给予了综合性评价,认为公共领导已经替代行政领导成为未来研究的发展方向。随后,Wallis(2002)、Van Wart(2003)、Boin(2003)、Pittinsky(2005)、Lane(2009)和Crosby(2010)等学者分别陆续开展了新西兰公共领导实践、公共部门领导研究、危机下的公共领导、中国的公共领导实践、战略管理与公共领导以及集成型公共领导等一系列探索。基于此,未来的研究应该更加注重公共领导模型构建与维度设计,在公共领导的应用性研究、操作性研究加大投入,

---

[1] Macmaon, Arthur W, Johnd. Millett. Federal administrators: A biographical approach to the problem of departmental management[M]. New York: Columbia University Press. 1939.

积极提升公共领导对于组织绩效、社会效益的正向影响力。①

准确地说，自 2003 年学者 Van Wart 对公共领导进行系统研究之后，学界逐渐认识到公共领导研究的价值，另外，近年来，随着全球形势的变化和复杂性，公共部门及其领导者面临越来越多新的挑战和压力。公共领导作为公共部门的核心和重要组成部分，他的活动的决策会对公共部门的发展产生了重要的影响。学者 Rick Vogel 和 Doris Masal（2015）基于近年来发表的与公共管理相关的 600 多篇学术文章的科学计量分析发现，公共领导的研究主要呈现出四种取向，即功能主义、行为主义、传记主义和改革主义。②

功能主义的研究取向认为，公共领导会对组织中的许多其他因素产生影响，包括服务绩效、顾客满意度、工作群组绩效、内部效率等。同时，Kim 和 Chang（2009）等学者还重点研究了公共领导将如何影响政府的创新能力，并指出，它往往通过影响公共服务创新来影响政府创新。

行为主义的研究倾向于将公共领导称为变革型公共领导，随着全球化社会和信息社会的来临，公共领导者面临的环境也更加复杂，需要处理的问题也更加多元化，这也给公共领导者提出了新的要求，因此公共领导者应当不断地提高其处理和适应变化多端环境的能力。Van Wart 和 Kapucu（2006）指出，公共领导行为主义取向研究的核心和基础是变革型领导的思想，1996 年学者 Bass 提出的变革型领导的思想是其研究的最重要的影响因素。综合分析这一模块的研究成果发现，为了应对和解决层出不穷的新问题，领导者需要具备这样一些能力，包括果断的领导力、持续性的学习能力和环境预测能力等。③ 大量的研究表明，领导者会对追随者和组织环境产生影响，其中领导者对追随者的影响往往是更加直接也更加深远的，领导者会影响到追随者的工作绩效、公共服务动机、创新能力等，在这一过程中，变革型领导这一核心概念发挥着巨大的作用。Hansen 和 Villadsen（2010）通过对公共部门和私人部门进行对比研究发现，公共部

---

① Sun, Peter Y T, Anderson, Marc H. Civic capacity: Building on transformational leadership to explain successful integrative public leadership[J]. Leadership Quarterly, 2012 (3): 309-323.

② Vogel R, Masal D. Public leadership: A review of the literature and framework for future research[J]. Public Management Review, 2015 (8): 1165-1189.

③ Kapucu N, Van Wart M. The evolving role of the public sector in managing catastrophic disasters: Lessons learned[J]. Administration & Society, 2006, 38 (3): 279-308.

门的领导者更加重视引导追随者参与组织发展和组织建设，更加重视组织的变革和创新发展。①

公共领导研究的传记主义取向基于公共领导的基本规范和基础规则展开，并重点探讨了在当代政治生活中领导者如何应对和处理日益复杂的各种问题。这一区块的研究与新公共管理的研究关联度较高，因此，传记主义这一研究取向非常重视跨部门之间的协同合作研究，企图通过加强不同部门之间的沟通和交流来提高合作的效率和公共部门的组织绩效。基于 Marini（1971）、Crosby 和 Bryson（2005）、Getha-Taylor（2011）等学者的研究可以发现，在研究公共领导的时候，他们非常重视公共领导的"公共"二字，即公共性，并将其定义为公共服务的核心价值。正如 Currie（2008）、Kalu（2003）、Behn（1998）等学者所强调的那样，领导不是一种权利，相反它是一种道德义务。因此，当政府部门面对层出不穷的问题时，领导者必须保持高度的警惕，坚持领导者最基本的道德和正确的价值取向，帮助公共组织更好地应对组织危机，从而推进组织的发展，提高组织绩效。

公共领导改革主义的研究取向是公共领导研究非常重要的内容，大量的研究都基于新公共管理展开，并被区分为两个主要的模块，一个模块被称为合作型公共领导，另外一个模块被称为公共改革领导。基于学者 Kirlin（1996）的观点，合作型公共领导更加重视网络化的治理，而不是政府的官僚制的层级管理。也就是说，在合作型公共领导中，组织中领导者不再只是领导者，他变得更加多元化，他所承担的职责也不再局限于传统的授权和管理，而是拓展到沟通、协调、谈判等，并成为某一行业或几个行业的专家或者支持的提供者。正如 Saz-Carranza 和 Ospina（2011）指出，领导者必须成为全局的操控者，能够对公共部门出现的问题进行细致的分析，并提出有效的解决方案，有效地平衡组织一致性和多样性之间的隔阂。另一个模块所提出的公共改革领导，用更加全球化的开阔视角来审视领导，在新公共管理的全球化浪潮中，推进跨国家、跨区域和跨文化下的公共领导活动的开展。事实上，公共改革领导的核心概念是创新和变化，那些优秀的公共领导者能够很好地对组织的总体发展进行评估，并结合组

---

① Hansen J R, Villadsen A R. Comparing public and private managers' leadership styles: Understanding the role of job context[J]. International Public Management Journal, 2010, 13（3）: 247-274.

织的长远发展制订新的规划，通过与追随者的协同合作，制订出适合行业发展的更加宏观的规划。

事实上，自变革型领导诞生以来，人们对于领导的研究就不再局限于领导本身，学界也逐渐认识到领导活动是一个复杂的多元互动过程，其包含的内容非常丰富，必须将追随者、环境、组织等作为一个整体进行研究，这也使得有关领导的研究领域不断扩展，研究内容不断深化。这也同样影响了公共领导的研究，从最早的公共领导的单一研究，逐渐形成了区块化的、聚群式的整体性的研究。

在未来的研究中，公共领导仍然有许多值得探索的空间。就像 Rick Vogel 和 Doris Masal（2014）在研究中指出的那样，在未来的研究中，公共领导的研究必须实现四大转化：一是实现从公共领导向公共的领导的转化，从传统的重点关注领导这一思维逻辑中解放出来，真正重视"公共"二字，强化有关公共部门的领导学研究。二是实现从公共领导的全球主义向文化相对主义的转化，研究的着重点必须更加细化，必须进一步拓展研究的区域，加强国际化的跨文化研究，并重视与亚洲、非洲、澳大利亚等国家的交流与协同研究，将公共领导的研究延伸至跨文化比较的领域。三是实现公共领导研究从简单向复杂的转化，也就是说，不能只局限于对公共领导的简单探讨，必须对其影响因素和组织要素进行细致分析，并探究这些要素之间的相互关系，即其相互之间是如何发生关联和相互作用的。另外，在对不同因素之间的关系和影响机制进行探讨的时候，要突破单向的研究方法，并从互动的视角进行分析和研究，积极探讨领导者、追随者和环境三者的关系以及三者之间是如何互相影响并推进彼此发展的。四是实现从公共领导向公共追随的转变。一直以来，领导学研究的核心关注点仍然是领导，公共领导的研究也不例外，因此在未来的研究中，必须加强对追随者研究的关注，基于领导—成员交换理论、追随者理论等核心理论，从更广阔的视角来研究领导者与追随者之间的复杂关系。[①] 正如 Perry（2010）、Cho（2011）等学者所强调的，领导者的行为之所以会对组织产生很大的影响，在很大程度上来说是通过影响追随者来实现的，而影响追随者的一个非常重要的方式就是通过领导者—追随者互动来影响追随者的

---

① Vogel R, Masal D. Public leadership: A review of the literature and framework for future research[J]. Public Management Review, 2015, 17 (8): 1165-1189.

公共服务动机,这也是未来研究必须重点关注的内容。

八、服务型领导

随着全球组织管理实践的深入和领导学研究的逐渐细化,人们对于领导的认识也呈现出更加多元的特征,其延展性和容置性也更强。服务型领导(Servant Leadership)作为领导学研究的一个新的领域,倡导在组织管理中,更加注重融入更多的道德元素,并强调更好地将领导创新、关怀行为、组织服务和员工发展融入组织管理之中。传统的领导学研究强调领导者视角,着重从领导的视角去探究在组织中领导活动对追随者和组织环境的影响。21世纪以来,随着新领导理论的发展,以变革型领导和魅力型领导为代表的新领导理论更加强调领导与追随者、环境之间的共享与互动,服务型领导根植于新领导理论丛林的基础理论,并延续丛林理论所倡导的共享、互动,通过服务理想式的精神引导与互动行为实现对追随者的影响,并促进追随者的自我提升和自我进化。

学者 Robert Greenleaf 最早提出服务型领导的概念,他在 1970 年发表的文章《仆人或领导》(*The Servant As Leader*)中指出:"服务式领导首先是一个服务者,其行动的内核源于其服务的理念和决心,其行动实践会引导和影响追随者成为更加注重服务和共享的人。"与其他领导理论不同的是,服务型领导将超越自身利益作为核心价值理念。Luthans 和 Avolio(2003)指出,服务型领导通过创造组织机会来促进追随者的成长,通过服务式的沟通而不是权力管理来实现和追随者之间的互动与知识共享,并通过鼓励追随者来创造一个服务式的共享组织环境。① Reinke(2004)认为,真正的服务式领导不是通过权力去影响下属而强迫性地获得信任,而是通过服务来引导个体和组织成长,实现追随者的自我超越。② 总的来说,根据 Bowie(2000)和 Whetstone(2002)的观点,一个服务型的领导者,能够探究不同个体的价值,并引导其在实现自我价值的过程中成为新任的服务型领导者,从而增强追随者的自主权,实现其自我成长。

---

① Luthans F, Avolio B J. Authentic leadership development[J]. Positive Organizational Scholarship, 2003, 241: 258.

② Reinke S J. Service before self: Towards a theory of servant-leadership[J]. Global Virtue Ethics Review, 2004, 5 (3): 30-58.

虽然针对服务型领导的研究已经有数十年，但是国内外学者对于服务型领导的认识和概念界定仍然存在差异。学者们对于服务型领导的核心特征基本达成了共识，其中学者 Spears（1995）指出，服务型领导者应当具备十个主要的特征，包括倾听、同理心、治愈性、领悟力、说服力、概念化、前瞻性、管理能力、有效的承诺和社群建设等。基于 Spears 的研究，Laub（1999）、Russell 和 Stone（2002）、Patterson（2003）等学者进一步丰富和拓展了服务型领导的研究，并发展出了一些新的特征取向和研究模型。例如，Laub 对服务型领导的 9 个功能性特征和 11 个额外的特征进行了区分，Patterson 提出的服务型领导的七维度模型，他认为，服务型领导是一种美德，它强调的是在正确的时间做正确的事。① 不同的学者有关服务型领导特征的解读虽然并不相同，但是从这些不同的描述和阐释中，我们仍然可以找到一些共同点，并进而获得服务型领导的核心模型。基于学者 Dirk van Dierendonck 的观点，服务型领导的核心维度包括六个方面，分别是赋权和促进个体发展、谦逊、真实、人际接纳、提供方向、组织监管。②

具体而言，"赋权和促进个体发展"强调个体激励。在赋权的过程中，追随者通过参与组织活动，能够有效地增强他们的主动性和自信心，进而展现出个体价值并推动个体的自我成长和自我发展。另外在赋权的过程中，服务型领导者会鼓励追随者进行自主决策和自我创新，能够有效地促进他们进行促发式自我学习。

"谦逊"强调的是一种能力，这种能力指的是能够合理地利用和展现自己的能力，事实上，服务型领导者往往非常重视从同事或者其他人那里获取知识，并积极地为他人提供工作上的帮助。可以说，谦逊这一特征展现的是领导者的一种责任意识和全局意识，他关注的不再是自我的发展，而是整体的发展。

"真实"这个维度所展现的是服务型领导者的一种品质，这种品质和"诚实""正直"等品质是一体的，也是相辅相成的。在工作中，领导者主动

---

① Stone A G, Russell R F, Patterson K. Transformational versus servant leadership: A difference in leader focus[J]. Leadership & Organization Development Journal, 2004, 25(4): 349-361.

② Van Dierendonck D. Servant leadership: A review and synthesis[J]. Journal of management, 2011, 37(4): 1228-1261.

展现真实的自我，无论是在私下还是公共场所，都展现出一致的观点和感受，具体的表现形式包括重视承诺；组织内部的透明性；诚实。也可以阐释为领导用更平等的姿态与追随者进行交流与合作，并积极地推进追随者的发展。

"人际接纳"这个维度展现的是一种个体能力，这种能力所包含的内容是对其他个体的感知和理解能力。在组织的交流与协作活动中，同理心被广泛运用，当面对组织沟通中出现的错误和争论时，仍然能够坚持用同理心和利他主义的视角来解决问题。服务型领导非常重视在组织中创造一种信任的氛围，让人们不惧怕犯错误，并能够更好地发挥主观能动性。

"提供方向"这一维度强调服务型领导的一种前瞻性，这种前瞻性从某种程度上来说也体现了领导的综合能力，他们为组织发展提供的未来发展方向必须是对个体发展和组织发展都是有利的。在为组织发展制订策略的时候，必须考虑到追随者和其他组织员工的发展，重视个体差异，它必须是具有创造性的。这种创造性能够有效地解决组织发展和个体发展所面临的一些问题，并能够促进个体价值观的革新。

"组织监管"这一维度指的是一种宏观层面的领导思维，这种思维不再局限于个体的利益，而是更多地考虑组织的整体发展。领导者非常注重自我管理和自我提升，并能够成为组织价值观的引领者，通过榜样作用，引导和激励追随者共同为组织的发展建言献策，在这一过程中，共同坚持社会责任、忠诚和团队合作的践行。总的来说，这六个维度比较全面地展现了服务型领导的核心特征，并很好地对责任型领导和其他形式的领导进行了区分。

九、其他热点

受到全球化、信息技术以及管理革命的影响，上述领导学研究主题引领了20世纪末期至21世纪初期的学术潮流。在这股强有力的领导学研究热潮推动下，西方的领导学研究进入"丛林"状态，受到其他学科及思潮的影响，一些新兴的领导学研究视角、研究问题、研究进路被不断地开拓出来。图4-6是基于21世纪以来西方领导学研究文献刻画的热点聚类图谱，尽管传统的变革型领导、交易型领导、领导成员交换以及权变领导等仍然处于研究的核心地位，但是其他新的研究主题已经层出不穷，展现出新环境下的领导学新热点、新主题的发展图景。基于图谱内容的分析，研究的新热点摘其要点如表 4-5 所示。以下对其相关指向进行分析研究。

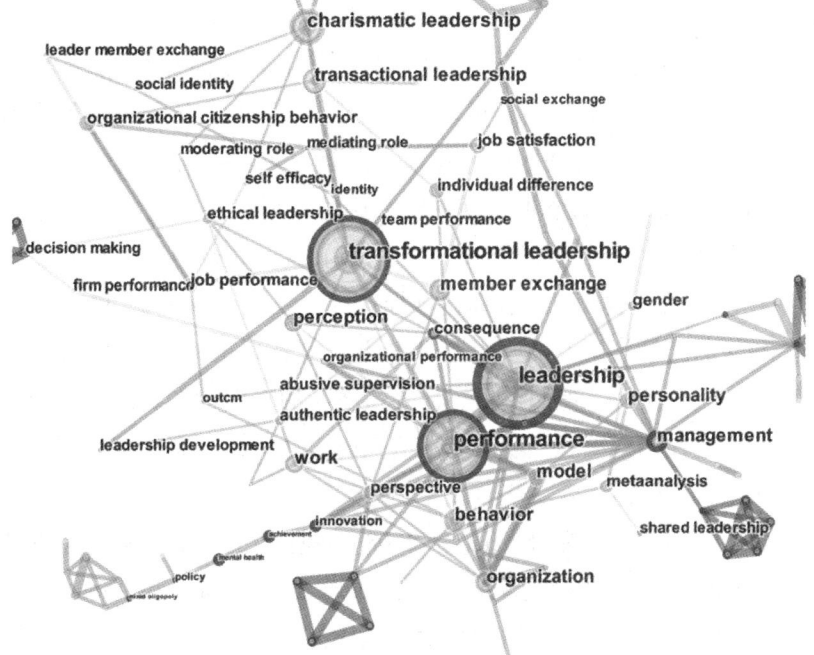

图 4-6　21 世纪以来西方领导学研究的新热点

表 4-5　其他热点领导学研究方向

研究方向	代表人物	主要内容
真诚领导	Avolio（2005）	探索真诚型领导理论模式与动力机制
伦理领导	Brown（2006）	领导伦理在改进组织绩效、提升领导力中的作用
领导集成	Crosby（2010）	对不同领导理论与方法进行综合研究分析
领导诚信	Simons（2013）	研究领导诚信的维度、特征及逻辑体系
分布式领导	Brown（2002）	分析其特征及发展趋势，进行跨文化和综合研究
跨文化研究	Peterson（1997）	在全球范围内进行领导的综合研究
多层次分析	Castro（2002）	对领导及其相关理论进行多维分析和多层次分析
女性领导	Eagly（2003）	关注女性领导的发展和女性领导领导力的提升

（一）真诚领导

真诚领导的定义很多，比较权威的是 Avolio 于 2005 年提出的。他认为真诚领导是"那些知道自己是谁，知道自己的想法和行为，并且被他人认为知道自己和他人的价值观、道德观点、知识和优势的人；知道自己所处内外环境的人；那些自信、充满希望、有韧性、具有高度道德品质的人。"① Begley 之后提出，"真正的领导力是一种自我认知的功能，对他人方向的敏感度，以及一种导致领导行动协同作用的技术复杂性"②。Shamir 和 Eilam 提出，可以从以下四个维度界定真诚领导的具体面向：（1）人—角色合并匹配的程度，即领导角色在自我概念中的突出程度；（2）自我概念的清晰程度，以及这种清晰集中在坚定的价值观和信念上的程度；（3）目标的自我一致程度；（4）其行为与自我概念、目标的一致性、内在性。③ 对于真诚领导研究的发展，Gardner 和 Associates 认为，积极的道德氛围有助于以互补的方式培养真正的领导者和追随者，从而培养真正的关系。他们提出，怀疑追随者的真实性对真诚领导的发展和领导的真实性同样重要。然而，他们同时也认为，所有的实证研究都没有明确关注真正的追随者。④

因此，正如 Avolio 和 Reichard（2008）所强调的，对追随者在真诚型领导关系形成中所起作用的实证研究至关重要。Luthans 和 Avolio 明确指出，真正的领导力发展是他们的真诚型领导框架的基石，他们认为这是一种"积极的发展方法"。总体上看，学界认为，应该更多地关注旨在促进真诚领导者及其追随者发展的干预战略的设计和实施，这种设计与实施应该是立足于具体实践的，例如对目前提供的商业和教育项目进行更为系统的评估，承诺加强真诚领导的发展，包括真诚型领导的真实性、完整性和有效性。⑤ 如果没有这样的评估，实践中就有可能低估真诚型领导结构体系的巨大潜力，以及它提供的有效性的杠杆作用，从而影响到在个人、团队和组织绩效方面产生真正和持续的改进。

---

① Gardner W L, Cogliser C C, Davis K M, et al. Authentic leadership: A review of the literature and research agenda[J]. The Leadership Quarterly, 2011, 22 (6): 0-1145.

② Begley P T. Self-knowledge, capacity, and sensitivity: Prerequisites to authentic leadership by school principals[J]. Journal of Educational Administration, 2006, 44: 570-589.

③ Shamir B, Eilam G. "What's your story?" A life-stories approach to authentic leadership development[J]. The Leadership Quarterly, 2005, 16 (3): 395-417.

④ Avolio B J, Gardner W L. Authentic leadership development: Getting to the root of positive forms of leadership[J]. The Leadership Quarterly, 2005, 16 (3): 315-338.

⑤ Gardner W L, Avolio B J, & Walumbwa F O. Authentic leadership theory and practice: Origins, effects and development[J]. Oxford, UK: Elsevier Science. 2011: 303-343.

（二）伦理领导

伦理领导是指个人活动及其社会活动中表现出来的符合社会规范、伦理责任的适当性行为，并通过双向沟通、激励互动以及责任承担、利益均衡等促使组织下属员工采取类似的积极性行为的领导范式。伦理领导不仅仅强调道德的个体，更强调道德的领导者，伦理领导在组织中不仅具有诚挚正直、组织互动、沟通关怀等特征，更能引导组织其他成员制定符合组织需求和社会导向的伦理规则，确保组织行为整体上契合社会发展方向。伦理领导的结构维度比较强调领导者自身的价值道德、责任意识，同时也突出了对具体的授权赋权、利他主义和道德引导的感知，Brown 等人基于社会学习理论的基础，设计了涵盖若干题项的单一维度伦理领导观，开发了一个含有10项指标的量表来衡量道德观念领导力，即道德领导力量表（ELS），并开展了多个结构验证研究，Brown 指出道德领导也与对领导者的情感信任呈正相关。Martin 则基于西方企业中管理者的数据调查，强调了文化差异在维度构建中的影响作用。

伦理领导研究不仅关注领导的积极主动的道德行为，同时也对不道德行为给予大量研究，这一方面又与破坏性领导存在密切联系。不道德行为是指伦理领导在行使领导职能的过程中展示出的外显的消极性行为，如独断专行、虐待下属、违反制度等，这些不道德行为对组织绩效影响极大。[1] 不道德领导在相关组织及其情境中往往引发下属高离职率、低效化等现象。基于此，学界也在讨论，哪些行为、动机和特征有助于追随者将领导者视为道德领导，道德领导与其他领导风格之间存在什么样的关系，以及被感知的道德领导行为的影响性，道德领导影响追随者的具体机制等。[2]

伦理领导的影响因素研究相对比较少，前因变量主要分为两类：一类是个体因素，另一类是情境因素。个体因素主要是个体特质和道德认知，而情境因素主要是受到行为伦理的影响。个体特质中自我效能、个体气质、性格态度及能力素质等经过验证分析，被学界认为是影响伦理领导的重要因素。道德认知则与个体面对的社会压力、道德观念等关系比较密

---

[1] Brown M E, Treviño L K. Ethical leadership：A review and future directions[J]. The Leadership Quarterly, 2006, 17 (6): 595-616.

[2] Den Hartog D N. Ethical leadership[J]. Annual Review of Organizational Psychology & Organizational Behavior, 2015, 2 (2): 84-86.

切。而情境因素则是基于社会环境的变动性测度来评估伦理领导行为的,当情境剧烈变动时候,伦理领导出现不道德行为的几率较大,从而可能对组织发展及下属绩效造成较大破坏。

当前,伦理领导研究与其他领导范式之间在道德伦理维度上的结构转换正在成为研究热点,不同的变量如何对伦理领导起到影响作用,尤其是如何通过实证分析验证这些影响作用的具体机制是值得研究的课题之一,学界希望通过对伦理领导的研究,进而在实际组织中培养和训练具有高超道德伦理感的领导,继而引导组织在符合社会规范的路径中不断前进。

(三) 领导集成

领导集成实际上是一种系统化集成化的领导风格,而不是一种单一维度的领导风格。当前领导集成越来越被当作一种综合性能力来研究。在情境要素多变的社会中,单一的领导风格及行为已经不足以应对各种突发情况带来的挑战,组织要想克服剧烈变化带来的困难,唯有将不同的领导能力、领导要素进行有机集成,形成更具综合实力的领导应对方案才能够克服多源性威胁,才能够最大限度地维护组织发展的持续性状态。[1] 学界已有研究提出,通过实施一种集成性的技术方式培养领导能力,不断缩小领导理念与现实的差距,继而构建一个集成式的领导系统,较好地应对来自不同方面的变化。而这种集成领导将具有明显的战略性、协同性、可持续性乃至抗打击性的特征,进而使组织在情境剧烈变化中具有更明显的竞争优势。[2] 当前,西方的领导集成研究集中在领导集成对组织变革的影响问题方面,社会责任也在领导集成研究中扮演着很重要的角色。领导集成研究比较重视构建一个多元素的系统体系,如发展方向、协调性、互动承诺、伦理价值等要素的内嵌性。这种研究范式也给研究的深度拓展带来一定的困难。集成领导研究是对不同领导行为的整体系统性研究,尤其是对不同维度、不同要

---

[1] Printy S M, Marks H M, Bowers A J. Integrated leadership: How principals and teachers share transformational and instructional influence[J]. Journal of School Leadership, 2009, 19 (5): 504-532.

[2] Lenssen G, Tyson S, Pickard S, et al. Toward an integrated model of leadership for corporate responsibility and sustainable development: A process model of corporate responsibility beyond management innovation [J]. Corporate Governance: The international journal of business in society, 2009, 9 (4): 421-434.

素的整合是研究的关注点。

（四）诚信领导

诚信领导，在西方领导学研究中往往也称之为真实性领导。诚信领导的初始定义为组织需要通过真实性的领导方式来实现可持续的发展，同时也是证实组织真实性的重要途径。组织真实性被认为是组织拥有开放包容氛围的基础要素之一。后来，不同学者对于诚信领导的界定具有较大的差异性。Henderson 等人认为，诚信领导应该是标志着下属理解其领导的程度，这种理解能够表现下属接受组织及领导对行为、结果、责任、权利的认可及支配，诚信领导意味着下属拥有较大的自由度和满意度，而不应该是被操纵和被限制的。相反，不诚信领导则表明下属判断自己的领导在某些时候存在"推卸责任"的行为和倾向，并可将一些错误及失误转嫁到组织情境、下属、团队等方面。Begley 则提出，"诚信领导可以被认为是教育管理中职业有效、道德健全和有意识反思能力的领导者。这是一种拥有知识基础、宏大价值观、综合执行力的领导者"[1]。也有学者研究发现，诚信领导者不仅仅能利用他们的天赋，同时也会认识到自己的缺点、不足，并努力克服它们。诚信领导者以目标、意义和价值观为导向，并愿意与人建立持久的互动关系，他们始终如一、坚持自律、遵循原则、拒绝妥协。Whitehead 对诚信领导者的主流定义有以下几点：（1）自我意识、谦虚、总是寻求改进、意识到被领导的人并关注他人的福利；（2）通过建立道德和道德框架来培养组织中的高度信任感；（3）在社会价值观的建构中，致力于组织的成功、下属的发展、个体的提升。[2]

Shamir 和 Eilam 等提出，诚信领导强调自我概念及其行为之间的关联性，诚信领导是具有高度真实性的个体与角色的融合，领导角色在自我概念、清晰度、一致性等方面存在较大的嵌入性。[3] 诚信领导不是一个个体而是一个过程，诚信领导不仅仅包括领导者的诚信，同时还包括追随者的

---

[1] Begley P T. Self-knowledge, capacity, and sensitivity: Prerequisites to authentic leadership by school principals[J]. Journal of Educational Administration, 2006: 44, 570-589.

[2] Walumbwa F O, Avolio B J, Gardner W L, et al. Authentic leadership: Development and validation of a theory-based measure[J]. Journal of Management, 2008, 34 (1): 89-126.

[3] Gardner W L, Cogliser C C, Davis K M, et al. Authentic leadership: A review of the literature and research agenda[J]. The Leadership Quarterly, 2011, 22 (6): 1120-1145.

诚信，追随者是基于诚信和真实的原因选择跟随领导者，进而形成真正的领导—下属关系。在这种诚信型的领导者与追随者模式中，领导者的关键行为以及时间考验对于下属追随而言具有深远影响，尤其是这种影响能够促进下属反思自身行为，进而促使其积极行为的产生。① 随着2008年金融危机的爆发，学界对诚信领导的研究达到一个高潮，学者重新界定了诚信领导，强调这是一种从积极的心理能力和高度发达的组织环境中汲取的过程，并认为诚信领导在组织绩效改进与追随者培养方面具有有效性。诚信领导的重要维度之一是积极的道德氛围，这种道德氛围是诚信领导与下属互动协助的重要基础，并且能够促进诚信领导更好地引导下属提升综合素质。在诚信领导研究视阈下，学者还通过相关的实证分析关注了诚信追随者，并强调诚信领导与诚信下属是一对利益相关体，在组织中，能够起到相互促进的作用，但是一定要警惕诚信领导或诚信下属任何一方出现不诚信行为，这种破坏性行为将会对组织的持续性带来灾难性影响。

（五）分布式领导

分布式领导作为适应知识经济时代的新潮流，在破解传统集权科层式的组织领导难题方面具有独特优势，分布式领导理论强调的是集体的、兼容性的责任观，而非一人独担的责任权力，领导者与下属的权力共享性具有其科学的结构性，进而促进集体性智慧的迸发。② 分布式领导更容易加强领导者与追随者之间的互动关系和责任关系，能够推动领导者采用更为开放的思维开展组织授权、责任分享等行为，进而促进下属的主动性、积极性乃至创造性的发挥，同时容易形成信任、交互、共享、共建的组织文化氛围。

相关实证分析认为，分布式领导与下属绩效、组织绩效等之间的关系受到服务动机、组织公民行为、心理赋能、自我实现、个人—组织匹配等因素的中介影响或者调节影响。国内也有相关研究对下属的主动行为、组织心理授权、组织自尊等在分布式领导中的影响机制做了关照，并且证实

---

① Clappsmith R, Vogelgesang G R, Avey J B. Authentic leadership and positive psychological capital: the mediating role of trust at the group level of analysis[J]. Journal of Leadership & Organizational Studies, 2009, 15 (3): 227-240.

② Gronn P. Distributed leadership as a unit of analysis[J]. The Leadership Quarterly, 2002, 13 (4): 423-451.

了其中存在一定的显著性效用。① 分布式领导尽管是对个体领导的一种补充，但绝不是替代，在当前社会认知调节下，分布式领导仅仅能在组织的某些领域或某些层面开展，而不能作为一种全面替代性的方案来推进实施。分布式领导是对现代组织分工的变化适应，其对领导与下属的认知水平要求是比较高的，分布式领导必须建构在领导与下属有较好的协调协作基础上，同时要求组织的运作机制尤其是权力责任机制是科学透明的，这样才能够为分布式领导的设计运行提供环境基础。

在分布式领导研究中，一些学者通过团队领导、责任型领导、变革型领导等视角，讨论了不同领导风格或者情境下，分布式领导的应用性、可行性问题，如在团队关系内部的细微动态变化中分布式领导及其追随者如何合理地转化角色，又如针对不同的组织议程分布式领导的权力与责任如何设计，领导授权的边界在哪里，下属责任的边界又在哪里，等等，这些都是值得研究讨论的问题。② 也正是由于这些问题的存在，在领导学学界中，分布式领导还难以成为一种可行性较强的领导风格，这也是分布式领导研究受到质疑的主要原因之一。

（六）责任型领导

责任型领导，是最近十年发展起来的新兴领导理论，是在全球化和信息技术高度发展的情况下，受到经济不稳定性及剧烈变化驱动产生的一种新的领导理论。③ 最初 Maak 等人指出，责任型领导重视社会责任与利益相关者两大要素，进而才能够在剧烈变动的社会治理情境中迎接管理挑战。④ 责任型领导倡导组织中的领导者要与组织内外的相关利益群体做好协调合作，尤其是在信息沟通、利益关照、责任承担等方面应该构建符合伦理规范的关系框架。Voegtlin 指出，责任型领导与以往领导理论及领导风格不同的是，他应该更关注社会的可持续发展，关注不同利益群体的利益协

---

① 朱瑜，黄丽君，曾程程. 分布式领导是员工主动行为的驱动因素吗？——一个基于多重中介效应模型的检验[J]. 外国经济与管理，2014，36（9）.

② Burke K M. Distributed leadership and shared governance in post-secondary education[J]. Management in Education, 2010, 24 (2): 51-54.

③ 时阳，李天则，陈晓. 责任型领导：概念、测量、前因与后果[J]. 中国人力资源开发，2017：6-15.

④ Maak T. Responsible leadership, stakeholder engagement, and the emergence of social capital[J]. Journal of Business Ethics, 2007, 74 (4): 329-343.

调,做好蛋糕分配工作,动员不同利益群体为共同目标努力贡献。① 从过程视角强调责任型领导的发展趋势成为责任型领导研究的主要视角之一,学者认为责任型领导要更加重视不同利益相关者的利益互动过程,基于社会责任和伦理道德的约束,领导者必须采取兼顾全部利益相关者的行为活动,要从提升利益相关者福利的视角,关注社会环境优化的视角以及强化社会认同的视角出发采取有利于组织和社会的行为。责任型领导倡导利益相关者的基础,不是一部分人的利益,而是全体利益相关者利益的再平衡过程。

责任型领导的测量维度,主要分为单维测量、双维测量与多维测量,单维测量的代表是 Voegtlin,他指出责任型领导是一个连续统一体,因此其量表仅含有 5 个题项,比如"我的上级领导会考虑自己决策对于利益相关者的影响后果"。② 郭亿馨、苏勇团队则基于中国情境设计了利益均衡、自我提升两个维度的双维测量量表,不同维度下各有若干题项,以确定相关信息的全面性、精准性。③ 更多的学者则提出了多维测量,Doh 和 Stumpf 提出责任型领导包括三个关键成分:价值导向领导力(values-based leadership)、道德决策(ethical decision-making)、与利益相关者的关系质量(quality stakeholder relationships)。④ Lynham 和 Chermack 认为责任型领导由伦理性(ethics)、有效性(effectiveness)与持续性(endurance)构成。⑤

国外有学者在研究责任型领导的前因变量和结果变量时指出,责任型领导会对下属的行为产生影响,已有的实证研究主要涉及责任型领导对下

---

① Voegtlin C, Patzer M, Scherer A G. Responsible leadership in global business: A new approach to leadership and its multi-level Outcomes[J]. Journal of Business Ethics, 2012, 105 (1): 1-16.

② Voegtlin C. Development of a scale measuring discursive responsible leadership[J]. Journal of Business Ethics, 2011, 98 (1): 57-73.

③ 郭亿馨,苏勇. 责任型领导概念结构与量表[J]. 技术经济, 2017, 36 (10): 77-83.

④ Doh J P, Stumpf S A. Handbook on responsible leadership and governance in global business[M]. Edward Elgar Publishing, 2005.

⑤ Lynham S A, Chermack T J. Responsible leadership for performance: A theoretical model and hypotheses[J]. Journal of Leadership & Organizational Studies, 2006, 12 (4): 73-88.

属工作满意度、绩效、组织公民行为、幸福感、自我效能等内容的影响。[①] 但是，从目前的研究来看，责任型领导的研究存在量表工具权威性和科学性不足、相关变量验证缺乏、培养提升机制不足等问题，在未来的研究中还需要从上述方面不断强化深入。

（七）女性领导

女性领导在 21 世纪初成为社会各界关注的一个热点，尤其是在西方人权及女权理念不断发展的背景下，女性领导倾向愈加明显，女性领导者的风格及其行为、技巧正在各个组织中得到呈现。学界对于女性领导的关注，首先从女性领导的特质开始，女性领导在性格、态度、气质、魅力等方面与男性领导以及传统领导思想明显不同。[②] 比如，女性领导更能够呈现柔性管理的优点，在现代组织发展过程中，女性领导在领导管理中展现出的弹性、灵活以及关怀感对下属行为及组织文化氛围的塑造具有良好的促进作用。在西方组织中，女性领导的培养发展并不容易，传统的领导观念仍然制约着女性掌握领导管理技能，女性领导在经历不同程度历练之后取得的成就可能会超越男性领导。[③] 有实证研究发现，与男性相比，女性领导者更愿意从事工作，也更注重取得成就，同时在组织塑造中更注意回应相关员工的归属感，女性领导对于舒适区的偏好比男性领导要低，这表明女性领导更愿意接受具有挑战性的工作。[④]

现实中，女性领导在组织管理层中的比例仍然是偏低的，这在国内外组织中都比较普遍，男性在更高职位中占比更多。学界研究认为，女性领导更注重以人为中心的领导技能训练，比如同情心、感恩、沟通等，而这些是更适合于组织长效发展的特征。女性领导能够凭借这些优势发展为更具有卓越品质、业务技能的领导者，因此一些观点认为，女性的这些优势

---

① Stahl G K, De Luque M S. Antecedents of responsible leader behavior: A research synthesis, conceptual framework, and agenda for future research[J]. Academy of Management Perspectives, 2014, 28（3）: 235-254.

② 许一. 女性领导理论述评[J]. 当代经济管理, 2007, 29（4）.

③ Eagly A H. Female leadership advantage and disadvantage: resolving the contradictions[J]. Psychology of Women Quarterly, 2007, 31（1）: 1-12.

④ Ricketts J C, Osborne E W, Rudd R D. Female leadership in rural florida ffa chapters[J]. Journal of Agricultural Education, 2004, 45（1）.

促使其在未来时期中能够取代男性，在领导职位中占据更主要的位置。①当然，这种研究预测仿佛又破坏了性别平等理念，也是对平权运动的消极反应。

还有研究关注了女性领导对于教育尤其是落后地区青少年教育的影响。研究发现，女性领导形象能够在早期显著影响女性儿童、女性青少年的职业选择和理想抱负。女性领导形象对于在教育中消除性别差异，尤其是消除女性歧视方面具有很大的影响。②

---

① Lammers J, Gast A. Stressing the advantages of female leadership can place women at a disadvantage[J]. Social Psychology, 2017, 48（1）：28-39.

② Beaman L, Duflo E, Pande R, et al. Female leadership raises aspirations and educational attainment for girls: A policy experiment in india[J]. Science（Washington D C），2012, 335（6068）：582-586.

第五章　西方公共部门领导力研究的热点主题[①]

综合分析近二十年来的领导学研究成果，公共领导越来越受到学者的重视，传统的以行政领导为重心的研究开展逐步向公共领导领域转移，学者研究的视角不再局限于政府部门，而是拓展到包括政府部门、社会组织、公益组织等在内的公共部门，并逐渐形成了以公共部门领导力为对象的研究流派。对新领导理论时期西方公共部门领导力的研究成果进行回顾分析，有利于理清公共部门领导力研究的发展进程与逻辑体系，进一步拓宽其研究视角，为我国公共部门领导力的相关研究提供参考。

第一节　西方公共部门领导力研究的基本现状

一、西方公共部门领导力研究的年代分布

由图5-1可知，西方公共部门领导力研究的发文数量保持稳定增长，近两年维持在年均发文量20篇以上。一直以来学界比较关注的是私人部门领导发展情况，直到20世纪末，学界对公共部门领导的关注仅限于"行政领导"。随着公共部门的兴起和公共组织的增加，公共部门领导力作为层次更高、内涵更新的概念进入学界的视野。从文献分析及折线趋势上看，2003年Van Wart发表关于公共领导研究的经典论文，激起了学界对该领域的兴趣与关注，相关的领导学学术会议也设置了关于公共部门领导力的主题，这些活动助推公共部门领导力研究在2004年出现一个小高峰，之后该项研究进入迅速发展时期，2011年发文量达到28篇，说明学者愈发重视并积极投入到公共部门领导力的研究中，因而产出了越来越多的学术

[①] 部分内容源自笔者硕士论文。

成果。最近几年公共部门领导力研究的高水平文献维持一定的发表数量，表明相关研究正在进入成熟稳定期，公共部门领导力研究持续地回应着社会发展的现实需求。

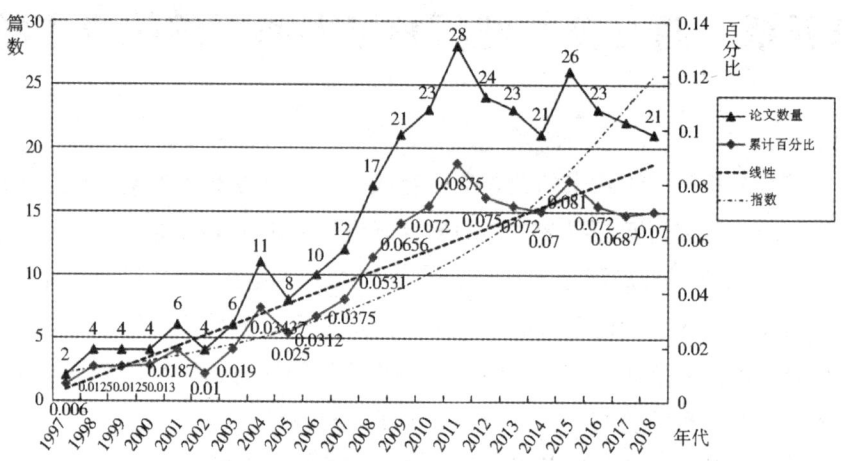

图5-1 西方公共部门领导力研究文献的年代分布及增长规律

科学知识增长有其自身规律，并且与科学文献增长规律相一致，科学文献的增长变化是测度科学知识演化情况的重要指标。① 文献计量学著名学者普莱斯认为，科学知识发展有四个阶段，前三个阶段分别是：（1）学科刚刚诞生，论文数量少，增长不稳定；（2）学科发展上升期，专业知识急剧丰富，论文数量呈现指数级增长；（3）学科体系渐趋成熟，论文数量演变为线性增长。② 他还指出，学科研究中历年发表的文献累计数量趋于某个固定规律，可以用一个相对准确的函数表达。从图5-1中观察累计百分比曲线的变化态势：1997—2000年，文献从无到有，但绝对数量较少，研究处于起步阶段；2000—2011年，论文数量骤增，基本符合指数增长规律，研究处于急剧上升阶段；2011年之后研究增量有所回落，但根据整体发展态势分析，这有可能属于本领域内的阶段性调整。综上所述，依据普莱斯文献增长理论预测，公共部门领导力研究正处于学科知识发展的第二个阶段，这说明该领域研究的潜力不断释放，其爆发力正在显现出来，热

---

① 邱均平等. 基于文献计量的国内外信息资源管理研究比较分析[J]. 中国图书馆学报，2008（5）：37-38.

② 庞景安. 科学计量研究方法论[M]. 北京：科学技术文献出版社，1999：299-301.

点主题逐步突显，其未来发展仍然具有强大的生命力。

二、西方公共部门领导力研究的主流期刊

期刊作为某学科领域研究成果交流的重要平台，在展示最新成果、助推协同创新、促进合作研究、传播前沿信息等方面有重要作用。专业内期刊质量好坏与高水平期刊数量多少是衡量一个学科或一个领域发展程度的重要指标。英国知名计量学家布拉福德教授提出了基于文献计量分析的布拉福德定律，以初步判断某一学科研究的发展水平。在给定的时段、确定的学科领域内，将专业期刊按其发表某学科论文的数量降序排列，则可以把这些期刊划分为核心类、相关类、非相关类。每类期刊的总量刊文数大体相等，且三类期刊刊载量比例关系为 $1 : n : n^2$。

本研究样本320篇文献共源于126种期刊，遵循布拉福德定律将期刊按其刊载量依序排列，之后分为三个数量大致相等的类区（基于此本研究对不相关论文做了剔除清理），在样本文献中发现核心类发表论文总数为96篇，相关类发表论文总数为224篇。其中，核心类含有期刊34种，相关类期刊共92种，平均每本期刊的刊文量只有1.2篇，这表明该领域研究呈现出相对集中、部分离散的情况，是学科发展不足的重要特征之一。表5-1 西方公共部门领导力研究的主流期刊列表列举了前十四位的核心类期刊载文情况，其中，Public Administration Review（《公共行政评论》）、The Leadership Quarterly（《领导学季刊》）、Public Administration（《公共行政》）等是本领域刊文量最多、受关注度最高的权威期刊。

由表5-1还可以发现，目前西方公共部门领导力研究的主要刊物集中在公共行政类、领导学类、管理科学类等，这一方面表明"公共性"得到学界的一致认同，研究具有较强的专深度，但是也显露出研究层次较低、视野相对狭隘、广度不足的缺陷，与领导学学科的整体状况相比有很大落后，领导学学科的刊物类别横跨了心理学、管理学、商学、社会学、医学、工程科学等，体现了宽阔的研究视角、广博的知识基础及一定的应用价值。由此可以看出，公共部门领导力研究领域还面临诸多"篱笆"障碍，如知识积累不足、知识借鉴较少、知识引进欠缺，亟需交叉研究、协同研究和"跨界"研究。

表 5-1　西方公共部门领导力研究的主流期刊列表

序号	期刊名	发文数量	占百分比
1	PUBLIC ADMINISTRATION REVIEW	16	0.05
2	LEADERSHIP QUARTERLY	13	0.041
3	PUBLIC ADMINISTRATION	11	0.034
4	AMERICAN REVIEW OF PUBLIC ADMINISTRATION	7	0.022
5	INTERNATIONAL REVIEW OF ADMINISTRATIVE SCIENCES	6	0.019
6	JOURNAL OF PUBLIC ADMINISTRATION RESEARCH AND THEORY	6	0.019
7	LOCAL GOVERNMENT STUDIES	5	0.016
8	PUBLIC MANAGEMENT REVIEW	5	0.016
9	PUBLIC MONEY MANAGEMENT	5	0.016
10	J ADMINISTRATION SOCIETY	4	0.013
11	LEADERSHIP	4	0.013
12	PUBLIC PERSONNEL MANAGEMENT	4	0.013
13	REVIEW OF PUBLIC PERSONNEL ADMINISTRATION	3	0.009
14	PROCEEDINGS OF 2012 INTERNATIONAL CONFERENCE ON PUBLIC ADMINISTRATION 8TH	3	0.009
	Totals	92	0.2875

三、西方公共部门领导力研究的国家分布

从西方公共部门领导力研究文献分布的国家或地区饼状图上看，标签中显示的前九位国家共占据了样本总量的 80%。而在这些国家中，欧美国家占据了绝大多数。美国和英国发文量总和达到 55%，美国的发文量遥遥领先。说明这些国家公共部门领导力研究相对活跃、水平较高，并且掌握着该领域研究的话语权。在亚洲，中国和日本相对突出，中国是此研究较多的国家，发表的相关文献 22 篇。这主要得益于电子科技大学、中国行政管理学会、美国行政管理学会共同发起的"公共管理国际会议"，至今已连续举办十二届，会议设置了领导学、人力资源管理等主题，收录的论文多数被相关索引检索。此外，浙江大学、复旦大学、中国人民大学等中国知名高校的学者也陆续发表了多篇关于公共部门领导力研究的相关论文，增强了中国公共部门领导力研究的国际影响力。另外，中国作者发表的文献许多与外国作者有合作关系，既增强了与西方学者的学术交流合作，又提升了国内相关研究的国际化水平。

相比于欧美国家，中国在公共部门领导力理论与实践研究上还较落

后。公共部门领导力研究与人力资源管理、公务员制度改革、行政体制改革等关系密切。时值我国全面改革大幕刚刚拉开,十分需要公共部门领导力研究的前沿理论指导,因此应该鼓励支持学者加强公共部门领导力研究,为我国的全面改革战略取得更大胜利提供支持。

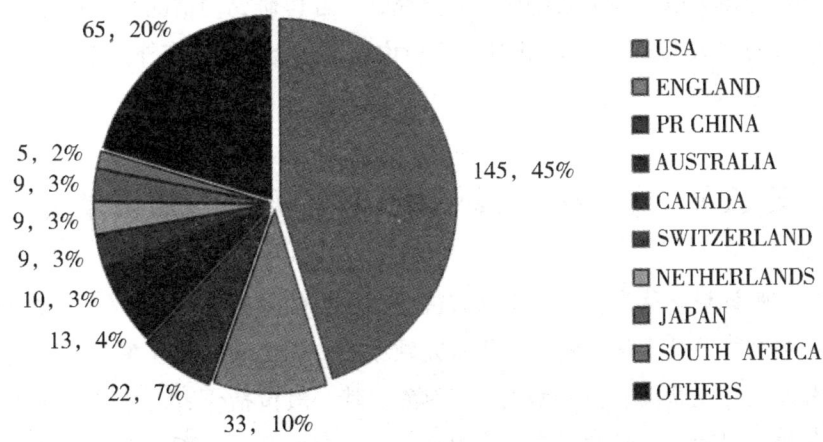

图 5-2　公共部门领导力研究的国家或地区饼状图

四、西方公共部门领导力研究的合作情况

为了从宏观上了解西方公共部门领导力研究的合作情况以及主要研究的全球分布情况,基于已有的文献数据资料,笔者运用 Google Earth 2.0(谷歌地球)软件对文献数据进行特殊的维度处理,制作了基于全球图景的公共部门领导力研究主力分布及合作研究图谱,分别以美国、欧洲、中国为背景。图中节点为发文作者的单位所在地,每个节点代表一篇文献,线条代表作者之间的合作情况,节点与线条的密集程度共同表征了该地区研究的活跃程度、交互情况等。

从全球范围的合作图谱可以看出,孤立存在的节点并不多,代表合作情况的连线则比较多,这表明世界范围内公共部门领导力研究的合作情况是比较普遍的,尤其是在研究水平比较领先的区域,合作程度也往往比较深,并且形成了动态交互、稳定畅通的信息交互途径。另外,通过分析节点信息发现,在合作研究比较常见的地点和机构往往还形成了关于领导力研究的中心或基地,并且一些西方性的领导力会议举办地更容易形成合作研究关系。

美国和欧洲的合作情况更为普遍一些。尤其是美国的东海岸地区出现了多个公共部门领导力研究聚集地，从东海岸到西海岸的合作连线也较多，不仅境内合作比较普遍，更与海外各地的研究者形成密切的合作关系。这些合作关系帮助学者及时获取前沿信息、交流研究发现、推动协同创新。中国的公共部门领导力研究主要集中在上海、香港和台湾，北京、武汉及兰州等地也零星地存在相关研究，而合作研究的情况则仅仅存在东南沿海的"大三角区域"，正如上文所说，这些合作大多有外国学者参与。

第二节 西方公共部门领导力研究的知识基础

文献计量学认为，通过文献共被引相关群的分析，展示文献共被引群体网络结构及其变化，展示某些研究领域的知识之间的相互关系、联系特征和发展变化状况及其趋势等。① 参考文献一般包括作者、题名、刊物或出版物、时间、文献类型等信息内容，是文献共被引分析的基本资料。本研究围绕1997—2018年公共部门领导力西方权威文献开展计量分析，320条样本文献之间的规模化共被引关系形成了复杂的网络结构，并通过节点与连线将知识之间的亲疏关系呈现出来。

运用Citespace软件，对样本文献进行共被引作者分析、共被引文献分析，设置时区切片为"一年"，设置单个时区提取共被引频次前30的信息，按照Pathfinder方法开展运算。② 最后获得一系列西方公共部门领导力研究的知识图谱，可以支持递进式知识领域的分析。

一、西方公共部门领导力研究的共被引作者分析

经过运算生成共被引作者图谱（如图5-3所示），限于篇幅控制、可视化效果及消除冗余等因素，我们对图谱进行了一定的剪裁修饰，剔除周边的冗余内容，确保图谱能够显示主要的核心内容（如图5-4所示）。该图谱的基本指标信息为：查获文献篇数286条，检测引文数量196585条，缺失引文

---

① 许振亮. 西方技术创新研究前沿与学术群体可视化分析[D]. 大连：大连理工大学, 2010.

② Pathfinder的作用是简化网络并突出其重要的结构特征。Pathfinder的优点是具有完备性（唯一解）。

数量764条，节点数量617个，连线1638条。图谱的模块性Q值为0.8345，远高于0.5，平均轮廓值为0.6127，大于0.5，符合图谱生成的基本要求。

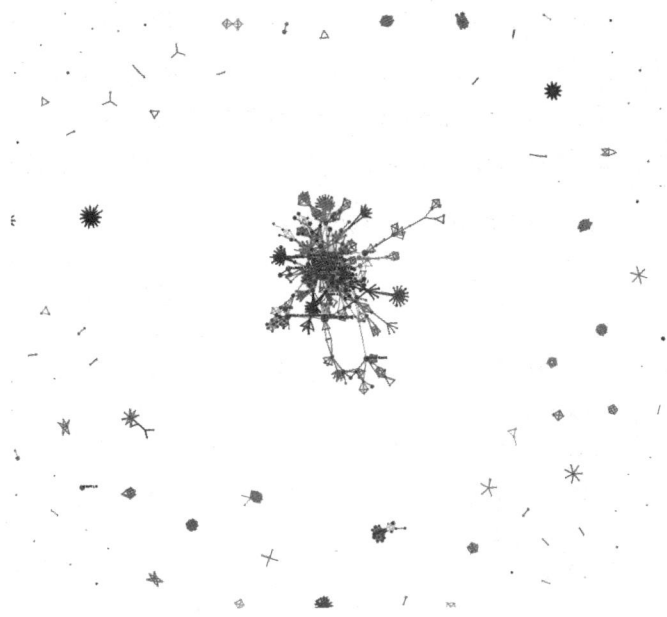

图5-3 西方公共部门领导力研究的共被引作者图谱（全图）

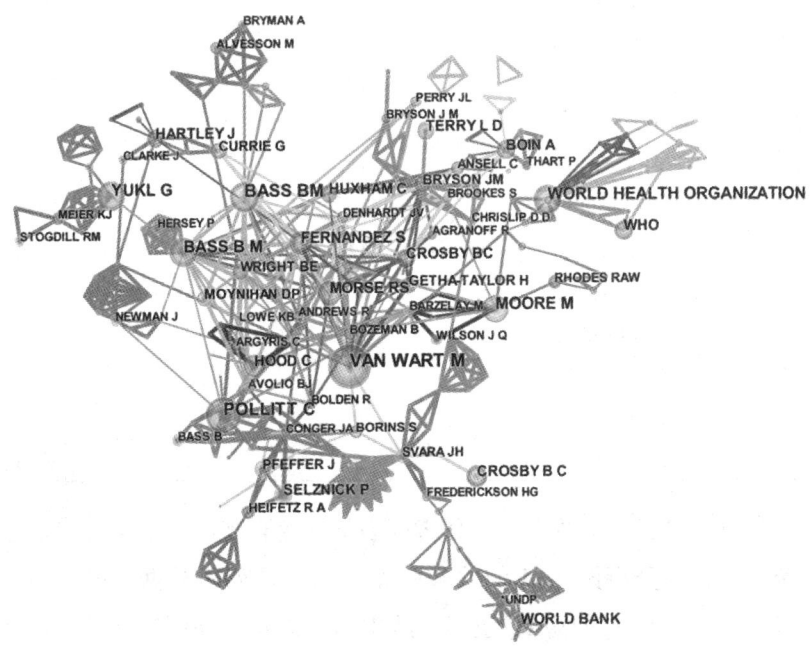

图5-4 西方公共部门领导力研究的共被引作者图谱（核心聚类）

共被引次数的多少体现着文献内容的相似性、关联度、集聚性等情况。其中，共被引频次比较高的文献就占据了重要地位，代表着基础知识、重要方法或新知识、新发现，并且成为不同知识之间相互辐射的重要桥梁，容易形成"强共被引链"。在知识图谱中，比较大的节点代表共被引频次高，接近中心的节点表示具有中心性、转折性，连线密集的代表桥梁作用突出，区域颜色表征了相似度高的聚类，这些因素需要特别关注。

表 5-2 西方公共部门领导力研究的高频次共被引作者列表（部分）

序号	作者	频次	中心度	时间
1	VAN WART M	25	0.59	2003
2	POLLITT C	20	0.39	1999
3	BASS B M	21	0.60	1985
	YUKL G	19	0.51	1971
4	MOORE M	18	0.33	1992
5	SVARA J H	18	0.43	1994
6	TERRY L D	17	0.31	1995
7	WORLD BANK	16	0.16	2002
8	MORSE R S	15	0.46	2007
9	CROSBY B	15	0.21	2005
10	SELZNICK P	14	0.16	1957
11	HOOD C	13	0.14	1995
12	BENNIS W G	13	0.20	1985
13	BRYSON J M	13	0.23	1992
14	BURNS J M	12	0.19	1978
15	BOIN A	11	0.12	2000
16	BOUCKAERT G	11	0.09	2004
17	PFEFFER J	11	0.18	1992
18	OSBORNE D	9	0.35	1992
19	BRYMAN A	9	0.13	2004
20	HUXHAM C	9	0.11	2005

通过表 5-2 的高频次共被引作者列表能够更直观的了解各位权威学者的影响力情况。分析图 5-4 的共被引作者图谱及列表数据，根据图谱连线、节点分布、频次及区域颜色等，从中归纳出基于高频次共被引作者群体的九个聚类。

聚类 A1 以 Bass B. M.、Morse R. S.（Morse，Ricardo S.）、Brookes S.（Brookes，Stephen）、Fernandez S. 等学者为代表，这些学者的研究主题和研究内容趋同，或者具有较强的相关性，因此形成一个聚类，在形成聚类的过程中，会产生一些新的与此相关的研究主题，这些研究主题扩散并形成新的组合，从而形成更大的聚类。具体来说，这一聚类的研究主题主要包括领导活动实践及其面临的机遇与挑战，具体涉及的内容包括领导变革与价值创造、领导集成、领导活动面临的挑战、领导变革所涉及的环境差异、领导活动的内部限制等内容。其中，学者 Bass 提出的变革型领导理论为领导理论和实践的发展提供了重要的支持，并成为公共部门领导研究的重要理论基础。同时，变革型领导理论作为公共部门领导力研究的重要知识基础，承担着与其他聚类领域的衔接作用。基于这些重要的研究成果和研究基础，其他学者也提出了许多新的研究观点与理论，其中，学者 Morse（2010）提出，在公共部门中，领导活动正在走向一体化，领导活动的整合趋势日渐明显，公共领导整合之后其促进协作、创造公共价值的作用更加凸显。他认为"公共领导一体化是跨越组织、部门和司法界限发展伙伴关系的过程，并能够创造公共价值"。他基于文献来探讨和研究了公共部门一体化的概念，通过分析北卡罗来纳州西部（烟山）地区开展的多部门合作案例，发现了公共领导的特点。这些案例涉及的内容包括农村社区的下水道项目、农村学校和学校网络上的宽带基础设施以及其重大的环境保护工作，虽然不尽相同，但是领导活动在这些不同的案例中都通过结构、过程和人员来影响活动过程和活动效果，这些实践经验包括：边界组织为伙伴关系发展提供了结构性背景；边界经验和边界物体有助于弥合分歧，创造共同的目标；边界成员表现出企业家素质，并利用关系资本，以促进整合。一些代表性的学者都基于公共部门的创设与开发、领导活动的实践及其区隔化、领导活动的差异类别等内容展开研究，为这一聚类提供了更加丰富的内容与支撑。[①]

聚类 A2 主要关注政府组织策略、政策及应对问题的策略、政府伦理及其正义价值的实现、新公共管理运动及其政府管理活动再造、政府管理中的领导问题、公共部门的伦理价值及其公共利益的整体与缺失等问题，

---

① Morse R S. Integrative public leadership：Catalyzing collaboration to create public value[J]. The Leadership Quarterly, 2010, 21（2）：231-245.

代表学者有 Mark Moore、Terry L. D.、Hood C.、Osborne D. 等。学者 Terry 在《行政国家领导：行政保护的概念》一文中为解释公共行政人员在治理中的领导作用提供了另外一个框架，他的观点与传统的行政理论研究者并不相同，他认为行政国家的领导不应当只是由创业领导模式来管理，这会对公共机构的发展产生威胁，事实上，政府部门的领导非常特殊，公共行政人员作为公共机构的监护人，具有不同于其他组织的政权价值观。①

聚类 A3 研究的核心问题是宏观的行政领导与学科发展问题，其涉及的内容包括行政领导问题、领导力与政治、领导学学科发展的反思、公共领导发展面临的机遇与挑战等问题，这些研究内容架构起了公共领导及其研究的新框架，在延续领导学研究的基础上，对公共领导学学科建设的研究边界进行了一定的划分。主要代表学者为 Selznick P.、Kellerman B. 等。其中，Selznick 从社会解释的视角来研究公共领导力，指出公共领导力广泛地存在于公共组织中，并会影响公共组织的发展，必须明确公共领导力的影响边界和范围界限，构建公共领导力研究的模型区间。② 在《领导力的终结》（The End of Leadership）一书中，Kellerman 指出，传统的领导学研究必须突破区隔界定，尤其是在公共部门，公共领导力的发展必须摒弃传统思维。另外，他还对近年来有关公共部门领导力的研究成果进行了综述分析，指出近年来公共部门领导力研究涉及五个领域：个人、团体/组织、国家、跨国安排和跨领域主题（多样性、伦理、群众运动）。③

聚类 A4 以 Borin S.、Avolio B. J.、Burns J. M. 等学者为代表，重点关注领导力的培训与提升策略等方向的内容，其涉及的具体内容包括领导伦理、全球领导力、领导胜任力培养与测量、公共部门创新中的领导力发展问题等。Borin S. 探讨了领导在三种理想的公共管理创新中的性质和作用：政治导向的危机应对、新任命的机构负责人策划的组织变革以及一线公务员和中层管理人员发起的自下而上的创新。他发现，在面对危机情况时，对公共领导力的要求是"需要做出广泛的信息搜索、广泛的磋商和对各种

---

① Terry L D. Leadership of public bureaucracies: The administrator as conservator[M]. Routledge, 2015.

② Selznick P. Leadership in administration: A sociological interpretation[M]. Quid Pro Books, 2011.

③ Kellerman B, Webster S W. The recent literature on public leadership: Reviewed and considered[J]. The Leadership Quarterly, 2001, 12 (4): 485-514.

选择的怀疑性审查的决策"。成功的领导者应当重视与客户和利益相关者的关系，并重视组织创新，例如可以通过设立正式奖项和对创新者的非正式认可、促进创新者发展、保护创新者免受以控制为导向的中央机构的影响以及公开支持已证明成功的自上而下的创新等。①

聚类 A5 则关注基于权力分配及地方政府政策议程、公共利益的领导问题、地方政府的行政领导问题、公民社会的合作领导研究等，代表学者为 Bryson J. M.、Svara J. H.、Chrislip D. D. 等。这些学者将研究的关注点放在基层政府和地方政府管理上，致力于推进地方政府治理与全球化进程。在合作领导的相关研究中，学者 Chrislip 深入阐释了合作型领导的发展区间及其对于地方政府治理的重要作用，并提出了在推进地方政府治理的过程中，如何实现公共部门领导力的提升与优化。②

聚类 A6 的作者群体为 Sharon Brookes、Montgomery Van Wart、Ricardo S. Morse、Moynihan D. P. 等学者，他们重视传统的行政领导理论研究、公共服务中的人力资源管理问题、实证研究方法的运用等。这一聚类的研究集中体现为对传统行政问题的重视和公共领导理论的深究，并更加重视对理论的实践化操作和运用。Van Wart 基于公共服务的视角，探究了在政府部门中领导活动的动态变化及其成长规律。③ Moynihan 重点观察了公共部门中领导活动的集成问题，提出了一种理解公共部门领导的新模式，新时期的公共领导力呈现出集成化和一体化的趋势，侧重于领导如何选择、促进、制度化和使用公共管理系统，以及及时改革公共管理系统。通过对 50 个州的数据进行分析，研究了集成式领导在政府改革中的重要创新作用，即管理结果。他的研究发现，公共部门领导能力会极大地影响组织决策和组织信息的选择。④

聚类 A7 则以 Pollitt C.、Pfeffer J.、Boin A.、Yukl G. 等学者为代表，主要关注公共行政变革、公共服务中的管理主义、行政绩效测度研究、政

---

① Borins S. Leadership and innovation in the public sector[J]. Leadership & Organization Development Journal, 2002, 23 (8): 467-476.

② Chrislip D D. The collaborative leadership fieldbook[M]. John Wiley & Sons, 2002.

③ Van Wart M. Dynamics of leadership in public service: Theory and practice[M]. Routledge, 2014.

④ Moynihan D P, Ingraham P W. Integrative leadership in the public sector: A model of performance-information use[J]. Administration & Society, 2004, 36 (4): 427-453.

府危机管理中的领导机制问题等,尤其是 Yukl 提出的组织领导力发展、"管理的领导"等引起学界的持久关注。这一聚类关注行政变革中遇到的问题和危机,着力于直面危机和提出应对这些危机的策略与措施,具体而言,探讨在现代公共行政发展与变革中出现的新的问题和面临的挑战,对于如何提高公共服务水平和推进政府改革管理和创新具有积极的价值。Pfeffer J. 重点探讨了领导力的概念,指出领导力的概念存在模糊性,同时,他指出,领导是一个将因果关系归因于个人社会行为体的过程,领导力往往会对组织绩效产生影响。① Yukl 对过去半个多世纪的领导行为进行研究和分类,并指出不同的领导行为的产生受到多层次因素的影响。②

聚类 A8 以 Bennis W. G.、Burns J. M. 为代表,主要关注组织演化及官僚制解构、政治领导机制改革、政治领导学、变革型领导理论、领导伦理要素研究等。这些研究从组织层面的视角为公共领导力的开发和提升提供参考意见,并为推进公共行政部门改革提供了指导意见。Bennis 指出,领导者的发展主要经历七个主要的年龄成长阶段,不同的阶段都会面临不同的问题和挑战。③

图谱中还显示了以 World Bank(世界银行)、UNDP(联合国开发计划,United Nations Development Programme)为代表的机构形成的 A9 聚类,主要是探讨研究项目、基金资助及宏观数据等方面对公共部门领导力研究的影响。这些研究项目是以领导力为核心研究的内容,致力于推进不同类别的领导力开发项目和研究项目,并积极推进全球领导力的提升和新的领导力研究项目的开发。

值得关注的是,在各个聚类之间存在一些明显的节点,它们将两个、三个甚至更多的聚类相联通,表明不同研究聚类之间的相对趋同性、接近性及交互性,另一方面承担这些联通作用的节点作者,一般研究领域比较宽阔,研究问题比较基础,研究成果水平高超。例如,Bennis 构建了聚类 A3 与聚类 A8 的桥梁,Avolio 促进了聚类 A4 与聚类 A6 之间的联系,Moore

---

① Pfeffer J. The ambiguity of leadership[J]. Academy of Management Review, 1977, 2(1): 104-112.

② Yukl G. Effective leadership behavior: What we know and what questions need more attention[J]. Academy of Management Perspectives, 2012, 26(4): 66-85.

③ Bennis W G. The seven ages of the leader[J]. Harvard Business Review, 2004, 82(1): 46-53, 112.

连接了聚类 A4 与聚类 A6，而 Burns、Bass、Yukl 等的研究则无疑为整个知识网络的形成奠定了知识基础。

二、西方公共部门领导力研究的共被引文献分析

图 5-5 的基本指标信息为：查获文献篇数 311 条，检测引文数量 17542 条，缺失引文数量 865 条，节点数量 536 个，连线 1895 条。图谱的模块性 Q 值为 0.8695，平均轮廓值为 0.7968，达到图谱检测的各项要求。采用 Title Terms 对共被引文献进行聚类后，发现共有 42 个聚类，其中一些聚类处于图谱外围，且聚类程度比较弱，文中图谱剪切出若干核心聚类，就其重点主题进行阐释，目的在于探究公共部门领导力研究的知识来源、知识结构及发展方向。

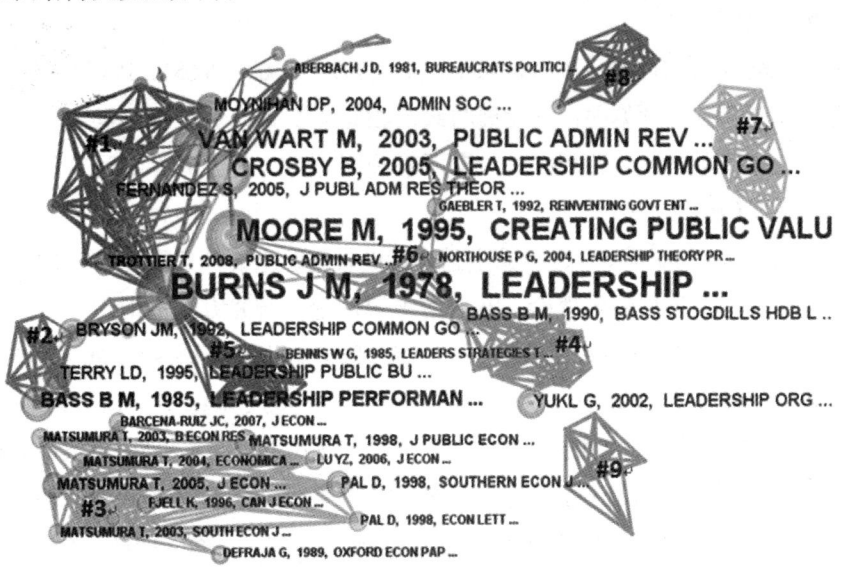

图 5-5 西方公共部门领导力研究的共被引文献图谱

聚类 A1 以 Van Wart M.（2003）、Moynihan D. P.（2004）、Fernandez S.（2005）、Crosby B.（2005）、Trottier T.（2008）等人当年发表的重要文献为载体，相关主题是行政领导概念阐释、行政领导效能、行政领导向公共部门领导转变问题、跨部门的领导合作问题、公共部门中的变革型领导理论、领导理论的新视角、组织内的一体化领导问题以及公共部门人力资源管理与领导力等。其中，Van Wart 教授于 2003 年在 *Public Administration Review*（《公共行政评论》）上发表的 *Public-Sector Leadership Theory：An Assessment*（《公

共部门领导理论：评估》）一文，呼吁将行政领导研究拓展到更为广阔的公共部门中，同时还以独特的视角将公共部门人力资源管理的相关知识引入到领导力研究中，受到相关学者的回应与追捧，因而此文成为该领域最重要的经典文献之一。①

与聚类 A1 关系密切的是聚类 A5、聚类 A2，它们之间的共同节点是 Burns J. M. (1978)。聚类 A5 以 Bennis W. G. (1985)、Burns J. M. (1978) 为代表，其关注焦点之一是组织内的授权领导问题（empowering leadership），如授权型领导的内涵特性、价值追求、权力授予的要素、授权管控等；聚类 A2 源于 Bryson J. M. (1992)、Bass B. M. (1985)、Terry L. D. (1995) 等核心文献，主要关注了组织领导理论及实践的研究，如领导信任要素、创新视角下的公共部门领导力、公共领导与公共问题解决、领导力效果评估等相关问题。

聚类 A3 相对独立，以 Matsumura T. (1998、2003、2005)、Pal D. (1998) 等为代表，其主题偏向市场发展与政治领导的交叉研究，如领导者如何破除混合寡头垄断、私营部门人力资源管理问题等，为公共领导研究领域提供了重要的借鉴经验。

聚类 A4 与聚类 A6 之间的主题相近度较高，主要阐述了领导学的相关研究进展、变革型领导理论、魅力型领导理论、研究方法的运用、文献反思等，是公共部门领导力研究的重要知识来源。前者以 Bass B. M. (1990)、Yukl G. (2002) 为代表；后者以 Moore M. (1995)、Bass B. M. (1990) 为代表，其中，Moore M. 的经典著作 Creating Public Value: Strategic Management in Government （《创造公共价值：政府的战略管理》），讲述了政府战略管理中领导的重要性、领导伦理等问题，影响了公共部门领导力研究的发展方向。②

另外，聚类 A8 讨论了领导效能及评估等问题，Heifetz R. A. 等人以爱尔兰公共部门为例，采用模型测评的方法诊断了当地公共部门的领导

---

① Van Wart M. Public-sector leadership theory: An assessment[J]. Public Administration Review, 2003 (3): 214-228.

② Moore M H. Creating public value: Strategic management in government [M]. Harvard University Press, 1995.

效能。①

从图谱中可以发现该领域研究的几大突出特征：

第一，经典著作层出不穷，对学科发展影响深远。图谱中呈现粗大环线的桥梁节点中，有7个为领导学学者的著作，这些著作大多是关于领导学概念内涵、基础知识、理论流派、框架模型等的阐述。

第二，研究主题相对宽泛。一方面作为知识基础的经典文献，其主题内容必然是多元指向、分布广泛的；另一方面也显示出公共部门领导研究话语体系不完善，当然这也与该领域发展历史较短有关。

第三，研究逐步深化，发展方向清晰。图中的颜色深浅具有年代表示功能，遵循由淡色向深色的年代递进路线，前者主要为领导学基础理论，后者则逐渐演化到行政领导、公共领导理论阶段，以 Van Wart M.、Moynihan D. P.、Crosby B. 等为代表的聚类 A1 位于深色区域，且组团节点最多，表明了公共部门领导力研究在知识来源、理论基础方面的演进路径，随着该领域研究的不断深入，其自身的理论基础将会建构起来，最终形成本领域的话语体系。

表5-3 西方公共部门领导力研究的高频次共被引文献列表（部分）

序号	作者	题名	频次	时间
1	BURNS J M	Leadership	13	1978
2	MOORE M	Creating public value: Strategic management in government	11	1995
3	VAN WART M	Public-sector leadership theory: An assessment	9	2003
4	CROSBY B	A leadership framework for cross-sector collaboration	9	2005
5	BASS B M	Leadership and performance beyond expectations	7	1985
6	TERRY L D	Cooperative extension's urban expansion the default of leadership or a responsiveness to changing times?	6	1995
7	FIEDLER F E	A theory of leadership effectiveness	6	1967
8	FERNANDEZ S	Managing successful organizational change in the public sector	6	2005

---

① Heifetz R A, Heifetz R. Leadership without easy answers[M]. Harvard University Press, 1994.

续表 5-3

序号	作者	题名	频次	时间
9	YUKL G	A hierarchical taxonomy of leadership behavior: Integrating a half century of behavior research	6	2002
10	MOYNIHAN D P	Integrative leadership in the public sector a model of performance-information use	6	2004
11	BRYSON J M	Leadership for the common good: Tackling public problems in a shared-power world	6	1992
12	HEIFETZ R A	Leadership without easy answers	6	1994
13	CHRISLIP D D	Collaborative leadership: How citizens and civic leaders can make a difference	6	1994
14	BASS B M	Bass & stogdill's handbook of leadership: Theory, research, and managerial applications	6	1990
15	MATSUMURA T	Mixed oligopoly at free entry markets	5	2005
16	PAL D	Mixed oligopoly, privatization, and strategic trade policy	5	1998
17	TROTTIER T	Examining the nature and significance of leadership in government organizations	5	2008
18	MATSUMURA T	Partial privatization in mixed duopoly	5	1988
19	MORSE R S	Innovations in public leadership development	4	2008
20	ABERBACH J D	Bureaucrats and politicians in western democracies	4	1981

三、西方公共部门领导力研究的共被引期刊分析

将相关信息输入计量工具，生成公共部门领导力研究的期刊共被引图谱，基本指标信息为：节点数量 685 个，连线 1368 条，如图 5-6 所示。表 5-4 是前 20 位的高频次共被引期刊列表。这些共被引期刊既为西方公共部门领导力研究提供了知识来源、理论支持，同时也在某种程度上反映了当前研究的主要内容。

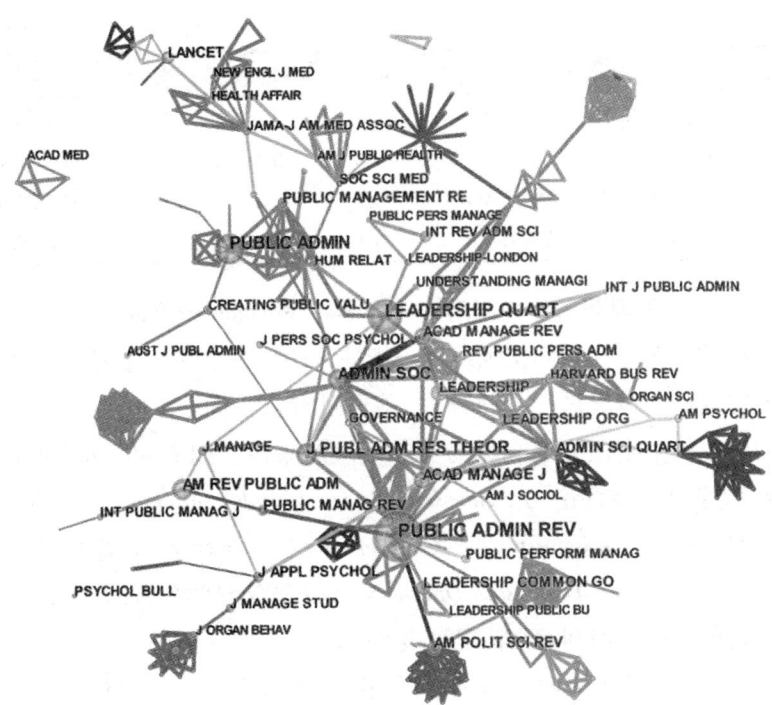

图 5-6 西方公共部门领导力研究的共被引期刊图谱

表 5-4 西方公共部门领导力研究的高频次共被引期刊列表

序号	期刊名	频次	中心度	时间	类别
1	PUBLIC ADMIN REV	40	0.46	1992	公共行政类
2	PUBLIC ADMIN	24	0.32	1999	公共行政类
3	LEADERSHIP QUART	24	0.29	1993	领导学类
4	ADMIN SCI QUART	19	0.36	1968	管理学类
5	ADMIN SOC	19	0.29	1990	管理学类
6	J PUBL ADM RES THEOR	18	0.31	1996	公共行政类
7	LEADERSHIP	16	0.21	1978	领导学类
8	ACAD MANAGE J	15	0.39	1996	管理学类
9	ACAD MANAGE REV	15	0.28	1990	管理学类
10	LEADERSHIP COMMON GO	15	0.16	1992	领导学类
11	LEADERSHIP ORG	14	0.19	1971	领导学类
12	AM POLIT SCI REV	13	0.27	1989	政策科学类
13	PUBLIC MANAGEMENT RE	12	0.12	1993	公共管理类
14	AM REV PUBLIC ADM	11	0.10	2006	公共行政类
15	PUBLIC PERFORM MANAG	11	0.13	2003	公共行政类
16	CREATING PUBLIC VALU	11	0.04	1995	公共行政类

续表 5-4

序号	期刊名	频次	中心度	时间	类别
17	AM SOCIOL REV	10	0.12	1987	社会学类
18	J MANAGE	10	0.09	2008	管理学类
19	UNDERSTANDING MANAGI	10	0.07	1997	管理学类
20	COLLABORATIVE LEADER	10	0.05	1994	领导学类

2013 年，美国著名公共部门领导力学者 Montgomery Van Wart（蒙哥马利·范冯特）曾通过期刊文献统计分析的方法，对过去十年间公共部门领导力研究的进展情况进行了回顾。[①] 他通过专家咨询获取了关注公共部门领导力研究的十家西方期刊作为文献梳理的来源，如 *Public Administration Review*（《公共行政评论》），*American Review of Public Administration*（《美国公共行政评论》），*Administration & Society*（《管理与社会》）等。另外还增加了《领导学季刊》*Leadership Quarterly* 和《作领导学》*Leadership* 两本专业期刊进行分析。期刊发文情况见表 5-4。

对比发现，Van Wart 选取的分析刊物在图谱 5-5 中均占有重要突出位置，节点标签比较大，且他们之间的相互连线比较密切。通过表 5-5 进一步印证了 Van Wart 教授所选期刊的价值，除 *Australian Journal of Public Administration*、*Public Productivity and Management Review* 外，其所选的十本期刊均在高频次共被引期刊前十四位之列。这说明公共部门领导力研究共被引期刊分析的结果能够比较准确地发现在公共部门领导力领域中有知识贡献、理论支撑、研究价值、成果展示、平台交流等功能的主流期刊。

表 5-5 西方公共部门领导力研究文献的期刊分布

Journals in public administration	No. of articles 1992-2001	No. of articles 2002-11	Total
Administration & Society	5	7	12
American Review of Public Administration	1	1	2
Australian Journal of Public Administration	2	5	7
International Public Management Journal	0	1	11
International Review of Administrative Sciences	6	5	11
Journal of Public Administration Research and Theory	1	7	8

---

① Van Wart M, Administrative leadership theory: A reassessment after 10 years[J]. Public Administration, 2013 (3): 521-543.

续表 5-5

Journals in public administration	No. of articles 1992-2001	No. of articles 2002-11	Total
Public Administration	2	8	10
Public Administration Review	8	28	36
Public Management Review	0	4	4
Public Productivity and Management Review	5	3	8
Group totals	30	69	99
Journals specializing in leadership			
Leadership	0	30	30
The Leadership Quarterly	17	24	41
Group totals	17	54	71
Group totals	45	123	170

资料来源：Van Wart M, Administrative leadership theory: a reassessment after 10 years[J]. Public Administration, 2013 (3): 52-543.

通过图谱与列表可知，公共部门领导力研究的共被引期刊主要分属于公共行政及管理类、领导学类两大部分。领导学类专业刊物的分布处于相对外围，这主要是由于其研究范围更专注于领导学内容，而公共行政类及管理类刊物则相对处于更核心的位置。这表明其研究中更突出公共部门、行政部门等的领导力分析。从聚类分析的结果来看，偏向于研究政治系统领导的刊物主要是 *Leadership Quarterly*、*Administration & Society*、*International Review of Administrative Sciences*、*Australian Journal of Public Administration* 等，这一类偏向于关注领导人选举，政策领导，政治领导人及政治改革领导者等；而 *Public Administration Review*、*Journal of Public Administration Research and Theory*、*Public Management Review*、*Administration & Society* 等组成的聚类则比较重视社区领导、区域合作领导、公共部门领导职能等问题。另外，计量分析发现，*Administration & Society* 喜欢基于数据的回归分析或理论化的研究，*International Review of Administrative Sciences* 倾向于案例相关的研究，*Public Administration Review* 刊载案例研究、理论述评、实证分析等更为广泛的选题内容。

第三节　西方公共部门领导力研究的演化路径

科学计量学认为，期刊论文的关键词在不同的时期会显示不同的偏好，因而能够为寻找学科研究的热点前沿提供路径指引。① 为了深入考察 1997—2018 年间公共部门领导力研究的演化路径,首先将这一时期分为 1997—2002、2003—2008、2009—2013 和 2014—2018 四个阶段,分类考察其关键词结构的动态演化特征,剖析不同阶段研究热点、研究前沿的演化态势,最后描绘出整个历史时期研究的时区演化轨迹,进而挖掘不同阶段热点前沿之间的递进规律,最后全面阐释公共部门领导力研究的演化路径。

一、1997—2002 年西方公共部门领导力研究的演化

根据统计分析,1997—2002 年共有 24 篇期刊文献。由于早期期刊文献格式不够规范及数据库格式标准化不足,导致关键词存在大量缺失,因而图谱 5-7 中仅能显示 41 个关键词,且多数关键词仅出现过一次,相互连线为 122 条。从图谱显示的情况看,公共管理、公共部门、政府、部门、政策等有所体现,但是几乎无法识别关于公共部门领导力研究的有效信息。

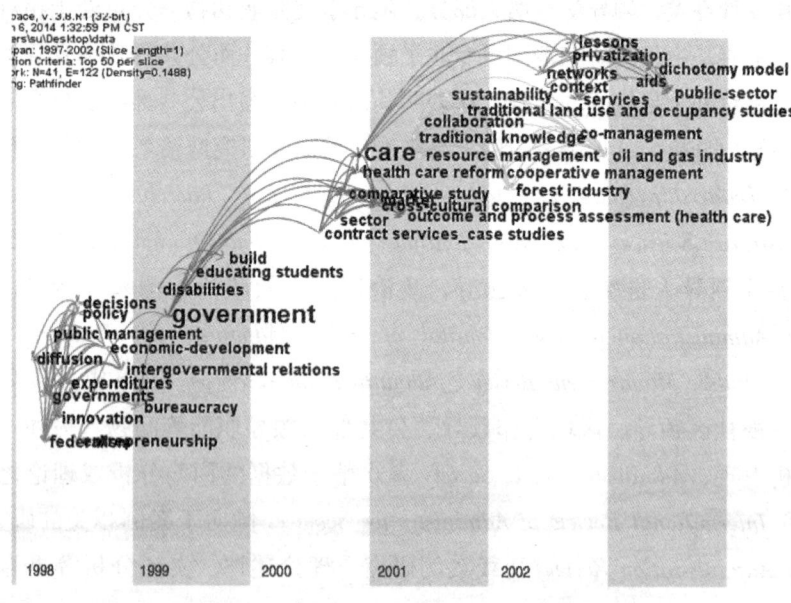

图 5-7　1997—2002 年西方公共部门领导力研究的时区视图

通过文本分析发现,这些文献已经开始讨论相关性问题:受管理主义思潮影响,Terry 提出行政领导应该担任公共企业家的角色,但同时需要保

---

① 张玲玲,房勇等. 管理科学与工程热点研究领域的文献计量分析[J]. 管理科学,2005(7):380-384.

障民主;① Bowling 等政府部门的行政领导亟须变革以适应环境的急剧变化、更高的效率要求以及执行力的提升等情况;② Keyes 则关注了在小学教育系统中开展授权领导的积极作用。③ 相关研究往往涉及政策转型（Policy Change）、新管理主义（Neo-managerialism）、行政创新、政治经济学、政策合法性等内容，同时还发现领导相关研究出现在医疗、心理、教育、疾病防治等领域。值得说明的是，2001 年 Barbara Kellerman 与 Scott W. Webster 发表了早期关于公共领导的述评文章，指出当前公共领导的研究开始呈现多样性、丰富性的特点，但是高质量的研究成果严重不足，亟须更多学者的关注。④

二、2003—2008 年西方公共部门领导力研究的演化

相比前一个阶段，2003—2008 年公共部门领导力研究取得了较大的进展，该阶段共有 64 篇文献发表。图谱共显示了 200 个关键词节点，连线则多达 537 条。Leadership 与 Management 成为使用频次最高的词汇，Modernization、Performance、Reform、Politics、Coordination、Organizational、Public Value、Policy、Evaluation 等领导学相关内容的集体出现，尤其是 Public Sector Leadership 首次作为专业术语出现，说明公共部门领导力研究已经进入快速发展时期。

由图 5-8 可知，该阶段公共部门领导力研究表现出较活跃的研究态势，分析认为这与 Van Wart M. 在 2003 年发表的公共部门领导力研究论文有一定关系。同一年，Boin A. 与 Hart P. 也发表了题为 *Public Leadership in Times of Crisis: Mission Impossible* 的论文，侧重讨论了政治领导者、官僚领导者如何开展危机管理。

---

① Terry L D. Administrative leadership, neo-managerialism, and the public management movement[J]. Public Administration Review, 1998, 58: 194-201.

② Bowling C J, Wright D S. Change and continuity in state administration: Administration leadership across four decades[J]. Public Administration Review, 1998, 58: 429-444.

③ Keyes M W. Hanley-Maxwell C. Capper C A. "Spirituality? It's the core of my leadership": Empowering leadership in an inclusive elementary school. Educational Administration Quarterly[J]. 1999, 2: 203-237.

④ Kellerman B, Webster S W. The recent literature on public leadership: Reviewed and considered[J]. The Leadership Quarterly, 2001 (4): 485-514.

表 5-6 2003—2008 年西方公共部门领导力研究的前 20 位关键词列表

序号	关键词	频次	序号	关键词	频次
1	Leadership	4	18	Public Sector	2
2	Management	4	19	Democracy	2
3	Modernization	3	20	Africa	2
4	Performance	3	21	Services	2
5	Reform	3	22	Organizational	2
6	Mental-health	2	23	Public Value	2
7	Politics	2	24	Policy	2
8	E-government	2	25	Evaluation	2
9	Coordination	2	26	Innovation	2
10	China	2	27	Public Sector Leadership	2

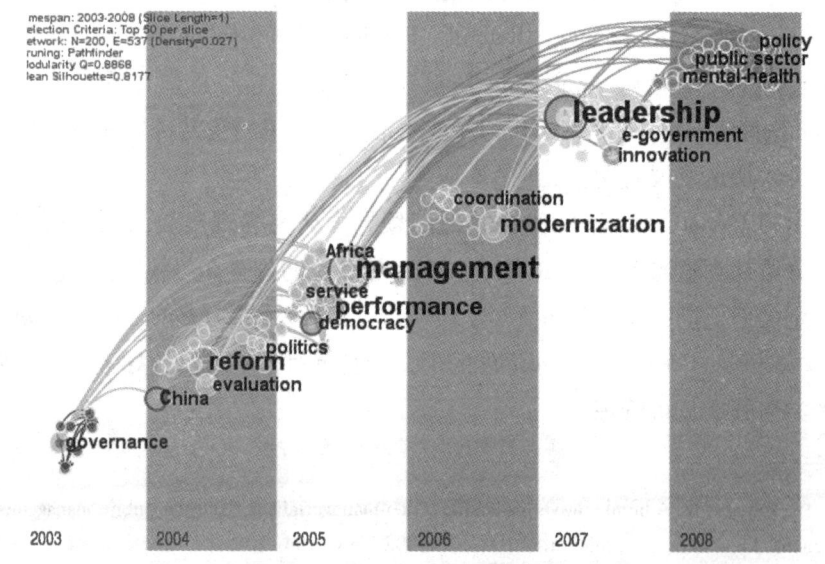

图 5-8 2003—2008 年西方公共部门领导力研究的时区视图

该阶段的研究主题逐渐丰富了西方公共部门领导力研究领域，大致可以分为两个类别。一是倾向于公共部门领导力理论研究，依次是公共部门领导力的内涵价值、全球化中的公共领导力创新、私营部门领导与公共部门领导关系研究、复杂型领导理论、公共部门的变革型领导、信息技术与公共部门领导力等。如，Podger A. S. 提出为了应对未来 20 年面临的挑战公共部门领导必须加强诚信与创新,① Shergold P. 讨论了行政领导者与政治家的功能界定问题,② Uhl-Bien 等学者提出了知识时代背景下的复杂型领导理论。③ 二是注重公共部门领导力的应用研究,主要是市区管理机构的领导功能、政府领导力再造活动、电子政府的领导力问题、强化地方政府领导力、公共部门领导绩效评估研究等。如,Kapucu N. 与 Van Wart 结合若干灾难事件讨论了公共部门危机领导的处置办法,④ Luo 等人研究了互联网时代行政领导风格转型的问题。⑤ 当然,也有一些属于边缘领域的领导问题讨论,如公共医疗机构的领导力、中国及爱尔兰的政治领导力研究、教育系统中的领导问题。

需要指出,这一时期西方公共部门领导力研究仍然面临研究主题不够集中、研究层次不够深入、研究视角相对狭隘等问题,公共部门领导力研究的本质属性、发展方向、应用价值等依然是需要思考的问题。

三、2009—2013 年西方公共部门领导力研究的演化

2009—2013 年公共部门领导力研究继续迅猛发展,该时期共有 119 篇相关文献出现。图谱 5-9 中显示关键词节点 225 个,连线为 414 条,Leadership 与 Management 仍然是使用频次最高的词汇,Organization、Government、Performance、Organizational Performance、Public Value、Transformational Leadership 等专业术语使用频次大大增加,说明公共部门领导力研究的主题不断明确、热点逐渐突出。其中,Public Leadership 首次出现就有高达 7 次的使用频率,Public Sector Leadership 的使用频次也更加频繁,这两个专业术语成

---

① Podger A S. Innovation with integrity—the public sector leadership imperative to 2020 [J]. Australian Journal of Public Administration. 2004, 63: 11-21.

② Shergold P. "Lackies, careerists, political stooges?" Personal reflections on the current state of public service leadership [J]. Australian Journal of Public Administration. 2004, 63: 3-13.

③ Uhl-Bien M, Marion R, McKelvey B. Complexity leadership theory: shifting leadership from the industrial age to the knowledge era [J]. The Leadership Quarterly. 2007, 18: 298-318.

④ Kapucu N, Van Wart M. The evolving role of the public sector in managing catastrophic disasters-Lessons learned [J]. Administration & Society, 2006 38: 279-308.

⑤ Luo D M, Shi Z Y, Wang Q. The transference of administrative leadership styles in the age of information and Internet technologies [C]. Proceedings of 2005 International Conference on Public Administration. 2005: 23-26.

为公共部门领导力研究的主要标签。

表 5-7 2009—2013 年西方公共部门领导力研究的前 20 位关键词列表

序号	关键词	频次	序号	关键词	频次
1	Leadership	14	18	Networks	4
2	Management	10	19	Democracy	4
3	Organization	7	20	Reform	4
4	Public leadership	7	21	Education	4
5	Performance	6	22	Public Value	4
6	Government	6	23	State	4
7	Governance	5	24	Organizational Performance	4
8	Sector	5	25	Public Sector Leadership	4
9	Model	4	26	Public Sector	3
10	China	4	27	Transformational Leadership	3

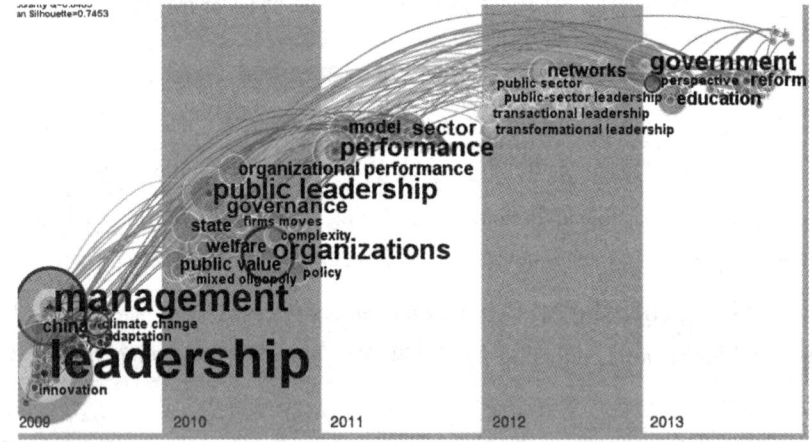

图 5-9 2009—2013 年西方公共部门领导力研究的时区视图

该阶段西方公共部门领导力研究中，在理论探索方面主要有，Lane 与 Wallis 共同讨论了战略管理与公共领导的关系①；Laurence 讨论了弗兰克·古德诺和罗纳德·怀特关于公共领导的不同观点；② Redekop Benjamin 讨论了

---

① Lane J E, Wallis J. Strategic management and public leadership [J]. Public Management Review, 2009 (11): 101-119.

② Lynn Jr L E. Restoring the rule of law to public administration: What frank goodnow got right and leonard white didn't [J]. Public Administration Review, 2010, 69 (5): 803-813.

一体化领导、魅力型领导、变革型领导、愿景领导、女性领导等;① Gallop Geoff 研究了公共利益、公共价值主导下的公共机构领导力塑造问题。②

在实践应用方面的研究是 Crosby B. C. 等人与 Morse R. S. 等人分别研究了跨部门合作情景下的公共部门综合领导力发挥问题③④；Paul't Hart 设计了通用评估模型试图评估公共领导力的有效性⑤；Berman 等人比较 8 个国家或地区认为，公共机构领导力的强化有赖于人力资源素质的提升。⑥

同时，一些阶段性总结反思与展望的研究陆续出现，如：Worrall R. 从合作创造视角提出未来公共服务领导者必须加强混合方法的运用⑦；Heather 与 Morse 认为传统领导理论不能完全适用于公共部门，因为后者拥有太多价值各异的利益相关者，因而必须进行领导创新⑧。最值得关注的是 Van Wart M. 与 Orazi D. C. 等人开展的研究，他们分别通过统计分析的方法批判性回顾了过去十年的研究成果，最终得出比较一致的结论：即公共部门领导研究正在有别于私营部门领导研究的正确道路上迅速发展，关于研究的内涵特性、价值取向、效益评估、操作应用及方法论等问题的讨论仍在深化，也许不久之后将会出现崭新的"公共领导理论"（Public

---

① Redekop B. "Physicians to a dying planet"：Helen Caldicott, Randall Forsberg, and the anti-nuclear weapons movement of the early 1980s[J]. The Leadership Quarterly, 2010, 21 (2)：278-291.

② Gallop G. New development：Public leadership, public value and the public interest [J]. Public Money & Management, 2011, 31 (5)：371-376.

③ Crosby B C, Bryson J M. Integrative leadership and the creation and maintenance of cross-sector collaborations[J]. The Leadership Quarterly, 2010, 21 (2)：211-230.

④ Morse R S. Integrative public leadership：Catalyzing collaboration to create public value[J]. The Leadership Quarterly, 2010, 21 (2)：231-245.

⑤ Hart P. Evaluating public leadership：Towards an assessment framework[J]. Public Money & Management, 2011, 31 (5)：323-330.

⑥ Berman E, Wang C Y, Chen C A, et al. Public executive leadership in east and west：An examination of hrm factors in eight countries[J]. Review of Public Personnel Administration, 2013, 33：164-184.

⑦ Worrall R. Co-creating public service leadership development in a new era of collaboration[J]. Proceedings of The 5th European Conference On Management Leadership And Governance, 2009：273-276.

⑧ Getha-Taylor H, Holmes M H, Jacobson W S, et al. Focusing the public leadership lens：research propositions and questions in the minnowbrook tradition[J]. Journal of Public Administration Research and Theory. 2011 (21)：83-97.

Leadership Theory)①②。从这些研究成果看出，公共部门领导力研究逐步呈现深层次、宽领域、多元化、成熟化的发展特征，并且走上理论研究与应用研究紧密结合的演化路径。

四、2014—2018年西方公共部门领导力研究的演化

2014年以后，公共部门领导力研究进入快速发展阶段，研究热点比较分散，形成丛林状态，出现了一系列的研究成果。总结起来，2014年以后相关主题的研究共有110余篇知识文献。图5-10中显示关键词节点296个，连线为678条，leadership与management仍然是使用频次最高的词汇，public leadership、management、policy、governance、innovation、sector、participation、power等专业词汇和出现频次较高，表现出研究聚类更加清晰、研究视角更加独特、研究热点日渐突出。其中，leadership和management的出现频次最高，public leadership、organizations、performance等词汇出现的频率较高，也是这一时期公共部门领导力研究的热点领域和重点标签。

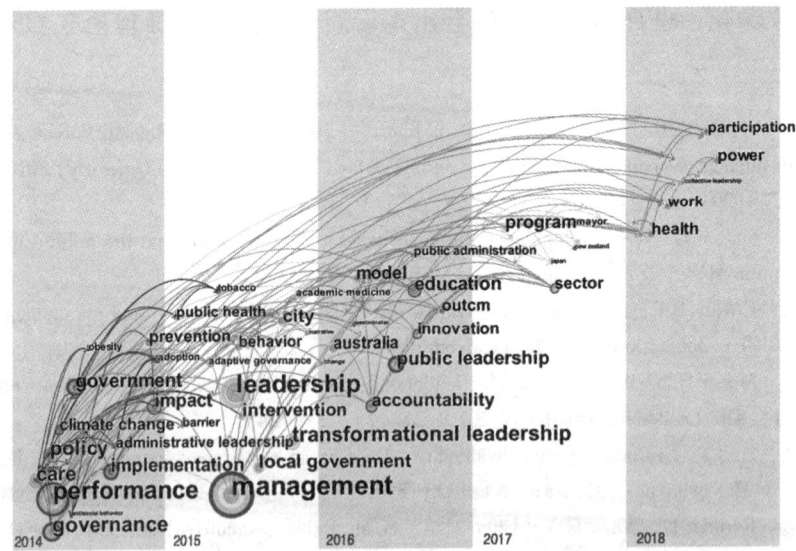

图5-10 2014—2018年西方公共部门领导力研究的时区视图

---

① Van Wart M. Administrative leadership theory: A reassessment after 10 years[J]. Public Administration, 2013, 91 (3): 521-543.

② Orazi D C, Turrini A, Valotti G. Public sector leadership: New perspectives for researchand practice[J]. International Review of Administrative Sciences, 2013, 79 (3): 486-504.

受到民族主义、反全球化、后经济危机等影响，全球政府部门面临的治理压力倍增，公共部门领导力研究进入艰难探索期，这一阶段对之前研究的反思批判较多，公共部门领导理论研究开始聚焦到更具体微观的研究对象、研究问题。

具体而言，Boin 和 Stern 从危机管理的视角来探讨了面对危机和压力时，公共领导的应对和管理策略[①]；Terry 重点分析了公共管理机构的领导者，指出行政管理者同样承担着储存者的重要角色[②]；Van Wart 基于公共服务的视角来研究公共部门的领导者，指出领导活动基于环境差异存在动态性特征[③]。Vogel 和 Masal 采用文献计量学的方法，对公共领导学的研究成果进行了分析，并总结出四种公共领导的一般方法，即功能主义、行为主义、传记主义和改革主义的方法，并提出了未来公共领导学研究的重点方向：将焦点从"领导"的角度转移到"公共"要素上，从简单到复杂，从普遍主义到文化相对主义，从公共领导到公众追随者。[④] Tummers 和 Knies 将关注的重点放在了公共领导的测量上，通过研究发现公共领导力的尺度会影响交易型领导和领导力的有效性，还会对组织承诺、工作敬业度和离职意向产生影响。[⑤]

同时，一些跨区域和跨文化的研究成果也开始出现了，如 Ricard 等通过调查哥本哈根、鹿特丹和巴塞罗那 365 名高级公共管理人员发现，变革、激励员工、承担风险等领导风格能够推进公共部门创新。[⑥] Breslin 等从交叉视角来研究过去二十五年与公共领导力相关的研究成果，提出在未来的

---

① Verbeek, Bertjan. The politics of crisis management: Public leadership under pressure[J]. Acta Politica, 2006, 41 (4): 457-460.

② Terry L D. Leadership of public bureaucracies: The administrator as conservator[M]. Routledge, 2015.

③ Van Wart M. Dynamics of leadership in public service: Theory and practice[M]. Routledge, 2014.

④ Vogel R, Masal D. Public leadership: A review of the literature and framework for future research[J]. Public Management Review, 2015, 17 (8): 1165-1189.

⑤ Tummers L, Knies E. Measuring public leadership: Developing scales for four key public leadership roles[J]. Public Administration, 2016, 94 (2): 433-451.

⑥ Ricard L M, Klijn E H, Lewis J M, et al. Assessing public leadership styles for innovation: A comparison of Copenhagen, Rotterdam and Barcelona[J]. Public Management Review, 2017, 19 (2): 134-156.

研究中,必须重视跨部门的研究。① 从这些研究成果看出,公共部门领导力研究的内容日渐丰富,逐渐呈现出更加丰富多元的特征,在理论性日渐拓展的同时,也对于提升公共部门领导力的实践能力凸显出更加有益的价值。

五、近二十年西方公共部门领导力研究的整体演化

受论文数量逐年增长的影响,文献关键词的使用数量、频次处于上升态势,能够代表公共部门领导力研究的标志性术语不断增长。但是关键词的总体使用数量、使用频次并不高。笔者还尝试探测突变词,但没有发现。突变词源于某年代发表论文中骤增的主题词,适合表征研究的活跃度及发展方向。② 这说明这项研究的研究层次处于较低水平,研究内容有待充实,研究潜力亟须挖掘。

参考图5-11,可以纵观近二十年西方公共部门领导力研究的演化路径。2003年之前,研究主体上是市场、私营部门、政府、官僚等,研究内容上是政策、网络、合作、创新等,行政领导屡次被提及,被视为问题解决的辅助工具、措施建议等,很显然处于比较边缘的地位;③ 2003年之后,公共部门领导力理论与实践的研究逐渐成为主流,研究的关注点首先放在了领导、管理主义、公共领导(Administrative Leader)以及教育、电子政务等方面,内容上主要讨论公共领导的绩效问题、公共领导评估模型、公共领导的现代化、公共领导与公共价值、公共部门领导与私营部门领导,以及公共领导在教育、电子政务、医疗系统中的功能等;④⑤ 2009年以来进一步集中在"Public Leadership""Public Sector Leadership"上,一方面

---

① Breslin R A, Pandey S, Riccucci N M. Intersectionality in public leadership research: A review and future research agenda[J]. Review of Public Personnel Administration, 2017, 37 (2): 160-182.

② Chen C, Morris S. Visualizing evolving networks: Minimum spanning trees versus pathfinder networks[M]. IEEE Computer Society Press, 2008: 67-74.

③ Van Wart M. Administrative leadership theory: A reassessment after 10 years[J]. Public Administration, 2013 (3): 521-543.

④ Svara J H. Strengthening local government leadership and performance: Reexamining and updating the winter commission goals[J]. Public Administration Review, 2008 (68): S37-S49.

⑤ Alonso A, Brugha R. Rehabilitating the health system after conflict in East Timor: A shift from NGO to government leadership[J]. Health Policy and Planning, 2006, 21 (3): 206-216.

研究的焦点在理论存续发展问题上,如公共部门领导力的价值倾向与理论基础、公共部门领导力与私营部门领导力的异同、公共部门领导力研究的自身建设、公共部门领导力的效益问题、医疗精神与教育系统中组织领导力的作用等;另一方面,受到全球经济危机的影响,相关研究中也出现了新的主题,如不同视角下的公共部门领导力、战略管理与公共部门领导力、渗透于公共组织的领导力、领导力对公共组织绩效的影响、公共部门领导力的参与和共享、公共部门领导力与传统领导理论、灾害等突发事件压力下的危机领导、互联网中的公共领导力等,以及公共部门领导力如何处理全球化、贫困、战争、政治等问题。

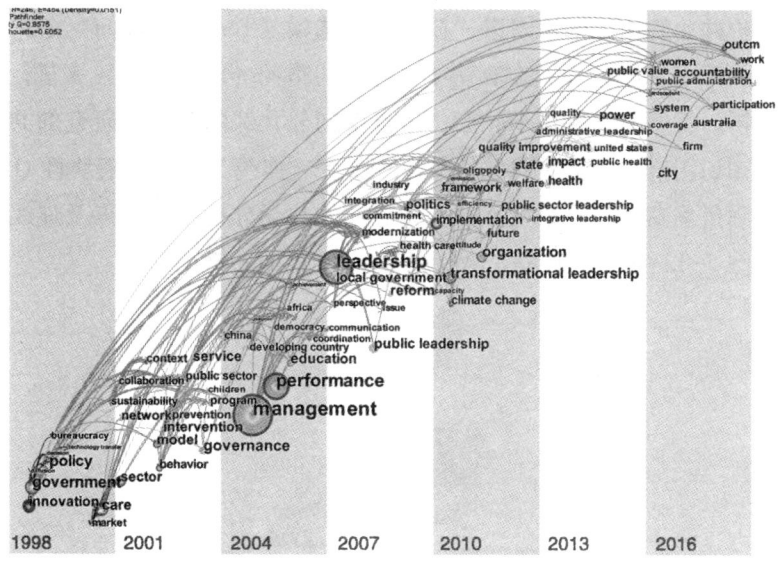

图 5-11　1997—2018 年西方公共部门领导力研究共词时区视图

在刚刚过去的几年里,公共部门领导力研究不断向纵深方向发展,一些新的研究元素受到重视并被引入,如责任伦理、公共服务动机、反分权、信息领导力、整合性领导力等。全球化浪潮受到空前挑战,反全球化或者说全球化波荡带来的不确定性,严重影响了各个组织的领导力。相当数量的领导力被破坏或摧毁,领导力自身也受到了前所未有的撕裂性冲击,传统的领导生态不得不跟随环境变化而主动调整。就目前而言,学界还难以提出一种系统性的新型领导力理论,多数学者还是从某一个角度切入讨论具体的领导力建设问题,如强调领导力的责任性、合法性以及信息能力在领导力中的结构地位等。领导力在公共部门与私人部门的共性及契合性开始受到更多的重视,这当然也得益于公共部门与私人部门之间接触、沟通的深化。基于此,开放多元交互与扁平化的领导力结构正在成为各类组织共同追求的目标之一。

第四节 西方公共部门领导力研究的主题维度

论文的关键词,是对文献研究问题、主要内容的简要提炼,最能说明全文研究的主题及中心内容,最能体现研究的本质思想。[①] 利用 CiteSpace 信息计量软件对西方公共部门领导力研究的 320 条核心数据进行关键词可视化分析并绘制相关知识图谱,在主题词选项(Term Selection)中选择名词短语(Noun Phrases),在算法中选择剪切路径(Pathfinder)来进行引文聚类分析。将阈值设置为 Top 30,运行得到公共部门领导力研究的共词分析科学知识图谱,图谱中共包括节点 385 个,连线 796 条,模块性 Q 值与平均轮廓值均高于检验要求。基于关键词的共词分析网络节点及连线分布情况如图 5-12 所示。表 5-8 为使用率前 50 位的关键词列表。

图 5-12 西方公共部门领导力研究的共词分析图谱

---

① 岳洪江. 基于科学计量学的管理科学发展研究[D]. 南京航空航天大学,2008:56.

表 5-8　西方公共部门领导力研究的关键词列表

序号	关键词	频次	序号	关键词	频次	序号	关键词	频次
1	Management	24	18	Public Sector	12	35	Corruption	6
2	Leadership	22	19	Public Sector Leadership	11	36	E-government	6
3	Performance	18	20	Perspective	11	37	Adaption	6
4	Government	17	21	Democracy	10	38	Firms Moves	6
5	Public Leadership	17	22	Organizational Performance	10	39	Community	6
6	Sector	17	23	Public Value	10	40	Commitment	5
7	Governance	17	24	Services	9	41	Collaboration	5
8	Organizations	17	25	Bureaucracy	9	42	Complexity	5
9	Reform	15	26	Welfare	9	43	Efficiency	5
10	China	15	27	State	9	44	Competency	4
11	Innovation	14	28	Care	8	45	Climate Change	4
12	Policy	14	29	Mixed Oligopoly	8	46	Transformational Leadership	4
13	Networks	13	30	Coordination	8	47	Market	4
14	Education	13	31	Ownership	8	48	Issues	3
15	Modernization	13	32	Behavior	7	49	Africa	3
16	Politics	13	33	Transactional Leadership	7	50	Legislation	3
17	Model	13	34	Sustainability	6			

图中外围圈层呈现淡色调的节点是研究的重要转折，往往代表原有研究对象的出现重大变化或某个新兴热点主题的涌现，主要有 Management、Sector、Care、Government、Bureaucracy、China、Policy、Innovation、Governance、Performance 等节点。如，Management、Government、Governance 与 Sector 分别承担了不同聚类之间的信息流动职能，Government 是公共部门领导力研究的重要载体，Management 则是与领导力关系密切的术语，Sector 在 Public Sector、Private Sector 及 Cooperative Sector 的语境下使用频次较高，承担着三大研究主体的指向作用；"China" 成为有转折意义的节点，主要受到以中国的改革开放、行政变革、绩效评估以及中国学者群体的积极性等为背景的领导研究增多的影响。

20 世纪 90 年代末期，领导学界局部范围内开展了关于公共部门领导力与私营部门领导力异同的研讨，公共部门领导力研究开始崭露头角。2003 年 Van Wart M. 提出了诸如公共部门领导（或行政领导）的定义内涵、卓越领导者产生方式、最佳领导风格、领导有效性等研究问题，直接将公共部门领导研究带入了一个新纪元，并影响了之后研究的发展方向。

基于此，本文结合共词分析图谱及前述分析的综合判断，尝试提炼出西方公共部门领导力研究的六大主题维度，下面将对这些主题维度进行详细的阐释。

一、西方公共部门领导力的内涵属性及未来方向

Public Leadership、Leadership、Government、Organizations、Bureaucracy 等为聚类标签，主要讨论行政领导问题、公共部门领导力的内涵概念，以及它与私营部门领导力的异同，代表学者有 Van Wart、Fernandez、Thach 等。2003 年，Van Wart 将公共部门领导力（Public Sector Leadership）界定为这样一个过程：（1）以高效合法的方式实现领导授权；（2）发展和培养追随者；（3）注重组织和环境的协调统一。学界从不同维度讨论公共部门领导力的内涵特质，这与领导力研究的发展初期呈现相同的特征，有学者从领导力特质维度出发，认为公共部门的领导力依赖于"伟大人物"，这种伟大人物具有非凡的智慧、高超的能力并且致力于公共事务，其独特的天才式洞察力和创造性能够给社会发展带来巨大的活力。这种公共部门领导力主要取决于领导人物的身体情况、服务动机、个人才智以及沟通能力、愿景能力等。之后学者提出公共部门领导力在处理社会事务中必须考量情境变化的情况，因此领导者对不同情境及其带来多层次压力的处理能力是公共部门领导力的重要体现。这些领导者既要具有高超的复杂事务处理能力，又要能够协调不同层次追随者的倾向，这样才能够有效及时地调整角色定位，进而激励员工发挥创造性热情，完成社会事务、公共事务的目标内容。基于人际关系学、行为科学及动机理论的视阈研究，学界通过小规模的实验及实证数据调研发现，在公共部门组织结构转变过程中，领导力需要顺应流程再造、文化提升的趋势转变领导风格，也就是说领导风格不是一成不变的，而是要在情境变化的过程中提升自身令人信服的洞察力、技术能力以及协同能力。

公共部门领导力的一个独特特征在于，强调对追随者、利益相关者和社会的道德责任。商业组织领导者倾向于强调为追随者服务；而公共部门领导者则强调公民、公共利益、公共行政，以及关注事务的法律合规性。公共部门领导力强调领导者应该"把事情做好"，保持良好的行政制度，

为公共生产提供可供依赖的资源以及对组织成员开展公共技能培训,通过各种管理控制、组织计划等保持公共部门的效率和有效性,确保各项业务技术问题得到正确处理,并能够在突发事件发生时及时开展协调职能运作。因此在公共部门领导力研究的初期阶段,学界从科学管理理论、古典管理理论以及行为科学理论等吸收了大量基础理论,并将这些内容引入到不同层次的公共部门领导中间。

这也开启了学界对于公共领导研究的热潮,并衍生出许多研究热点,诸如公共领导中的行政领导问题,行政领导与公共领导的关系、公共行政与公共领导的区别等问题。总结起来,这一聚类的研究热点主要包括:公共部门领导的目标,重点研究了它的复杂性与模糊性;[1] 公共领导的行为模式,以公共部门的"红头文件"(Red Tap)为研究对象,分析了公共领导的层次问题;[2] 公共领导的工作满意度问题;[3] 公共领导的动力机制;[4] 公共领导中的利益相关者问题;[5] 公共领导的行为差异与多样性;公共部门领导与私营部门领导的差别。基于此,有学者提出公共部门领导力未来的研究应当更加注重社群领导、框架体系与模型构建、公共部门之间的差异比较、教育和应急管理部门的公共领导、电子政务、追随者培养等方面的内容。

在另一个层面,公共部门领导力研究强调行政领导的权力与责任问题,尤其是对于公共部门领导者自由裁量权的判断,这一领域的研究分为几个阶段,第一阶段是,公共部门领导力并不做政治决策、顶层设计,而

---

[1] Saz-Carranza A, Ospina S M. The behavioral dimension of governing interorganizational goal-directed networks: Managing the unity-diversity tension[J]. Journal of Public Administration Research and Theory, 2010 (2): 327-365.

[2] Rainey H G. Understanding and managing public organizations[M]. San Francisco, CA: Jossey-Bass. 2003.

[3] Lindorff M. We're not all happy yet: Attitudes to work, leadership, and high performance work practices among managers in the public sector[J]. Australian Journal of Public Administration. 2009, 68 (4): 429-445.

[4] Fernandez S. Developing and testing an integrative framework of public sector leadership: Evidence from the public education arena[J]. Journal of Public Administration Research and Theory. 2005, 15 (2): 197-217.

[5] Coupland C, Currie G, Boyett I. New public management and a modernization agenda: Implications for school leadership[J]. International Journal of Public Administration. 2008, 31: 1079-1094.

是专注于行政执行领域的具体事务,政治决策职能则由政治层面的领导者完成。第二阶段是,政治层面与行政层面之间不是明确分离的,而是存在大量的关联,政治与行政之间的互动性非常复杂,因此公共部门领导力的责任、权力界限模糊,而且难以明晰,在这种情况下,政府与学界又赞成适当适度的保留大量的行政自由裁量权的存在。这也顺应了当时行政力量自我扩张的现实趋势。在第三个阶段,全球进入行政再造、政府改革的大背景下,自由裁量权受到影响,但企业家精神开始进入政府机构,企业家精神、权力再分配、向下授权等深刻影响了公共部门领导力的运行,政府改革的内容包括(规模、成本、过程、策略、问责等)以及如何在改革中提升领导能力等,都引起学界巨大兴趣。关于公共部门领导力与自由裁量权的关系,以及如何限制性地运用自由裁量权并协调不同利益相关者之间的权益关系成为非常重要的研究课题。①

二、西方公共部门领导力的培养提升及风格研究

以 Behavior、Education 等为代表,重点关注公共部门领导者的培养、是否存在最佳领导风格等问题,主要代表学者是 Bass、Lawler 和 Alban-Metcalfe 等。主要内容有以下几个方面。

(一)公共部门领导力培养的计划与实施

在计划与实施中,公共部门往往需要对领导力培养的具体内容进行详细分析,进而结合培养对象制订计划任务、制订相关培养程序,同时还要根据预测未来情境来组织应对目标的变化情况并及时更新和调整计划,了解实施情况,确保计划实施过程中能够跟上组织发展情况,合理优化配置相关的人力、财力和物力资源,促进组织各项业务的长期开展。

公共部门领导力培养是基于领导生命周期理论诞生的,指从前端着手培养追随者或者低层级领导者的领导力。公共部门领导力培养计划的另一个思路是,真正的领导者不做实际业务工作,而是依靠自己的追随者来完成业务工作。因此,追随者的培训、动机、成熟和持续发展以及整体满意度对生产和组织至关重要。因此,在公共部门领导力培养的计划与实施中,往往会将下属员工作为培养的重要对象,纳入培养计划,这对于组织

---

① Van Wart M. Public-sector leadership theory: An assessment[J]. Public Administration Review, 2003, 63 (2): 214-228.

的长远发展是有利的。

(二) 公共部门领导力培养的作用效果

领导力培养主要的是指"领导力教育方式"问题（Methods of Teaching Leadership）。其中，Bass、Bolden、Alimo-Metcalfe 和 Alban-Metcalfe 等学者剖析了公共部门领导力的培养问题，对 FRLD（Full Range Leadership Development，领导力发展计划）、ILS（Integrative Leadership System，集成领导力提升系统）和美国的领导力框架模型（Leadership Framework）等进行了深入分析。考虑到能力对于公共部门领导者培养是非常重要的，Trinka 等人基于领导力发展计划提出了重新界定公共部门领导者的关键能力，强调领导人员的有效沟通能力，以及跨国界、跨组织和跨文化的综合应对能力，而这其中政府部门的战略思维及战略规划制定能力是提升重点，有效沟通能力中对于战略沟通能力的培养是系统化的，这里要求公共部门领导者要能够与组织内外部的其他领导者、追随者以及服务者形成战略对话能力。而领导力培养的基础在于道德能力、责任能力等。基于道德能力、责任能力，公共部门领导力的自由裁量权才能够有效规范地运行。尤其是在这种自由裁量权及其权威性出现了意外错位的情况下，公共部门领导力必须对委托给他们的道德、责任表现出深刻的反省，严重者则应该启动究责程序、纠错机制。[①]

事实上，一些关于领导者领导力培养的研究发现，许多关于管理绩效的研究发现，对于刚开始管理的人来说，最关键的技能，也是最经常缺乏的，是人际交往能力，或者是处理"人的问题"的能力。

(三) 公共部门领导力培养的投入收益及局限

Boaden、Lawler、Lemay、Parry、McGurk 等研究了公共部门领导力培养的成本、效率、模式及局限，认为要提升培养效果就必须在内容设置、实施反馈上改革领导力发展项目。[②] 同时在当前资源约束愈加明显的情况下，如何将公共部门领导力培养与网络、文化、价值观等有效地结合起来，以促进更加"接地气"的公共部门领导力培养，成为一个重要的命

[①] Trinka J. Building great leaders at the IRS[J]. Industrial and Commercial Training, 2004, 36 (7): 262-264.

[②] Ortmeier P J. Ethical leadership: Every officer's responsibility[J]. Law Enforcement Executive Forum. 2003, 3 (1): 1-9.

题。有学者提出,公共部门领导力培养中尤其是要关注一个问题即:"我如何领导一个既不为我工作也不拥有组织精神的员工?"学者们认为公共部门领导力培养必须聚焦到具体问题中,并且能够快速适应变化,提出具有协调性、一致性、兼容性的应对方案。正是由于网络信息传播速度的加快,导致公共部门领导者在应对剧烈的信息变化过程中不得不尽可能地减少决策方案制订的时间。随着决策时间的不断消耗往往带来决策质量的降低以及民意支持度的降低,也就是说在公共部门领导力培养中必须重视快速应变能力、信息处理能力以及现代技术能力。

(四)公共部门领导力风格培养问题

一批学者还详细阐释了公共部门领导的领导风格问题,讨论公共部门领导者应该采用哪种领导方式、是否存在最好的领导和行为等问题。部分学者提出,传统的变革型领导模式无法在公共部门领导中发挥高效的作用,需要引入新的领导方法。由此,Foldy 提出了公共部门领导中的交易型领导(Transactional Leadership)①;公共部门交易型领导不同于以往的交易型领导风格,它是强调在情境变化非常剧烈的情况下,公共部门领导者需要尽快采取手段驱动下属开展工作,要求以目标为导向、以问题为导向,尽可能兼顾高效与公平。多数学者认为,从政府改革的经验中发现,公共部门领导力培养必须借鉴企业家精神的创造性,企业家精神对于公共部门领导力在价值导向、主动创新、社会责任、权力下放等方面的影响是巨大的,企业家往往不注重一朝一夕的具体措施,而是关注长远机制、宏观战略的设计,因此类似于组织考核机制、晋升机制、发展机制、激励机制等方面的内容才是企业家需要重点考虑的,而公共部门领导力则需要从中吸取这些宝贵经验。此外,公共部门领导力还应该是灵活的,不应该是固执于某一种领导风格,而需要根据网络信息社会的变化趋势以及组织面对环境的变化情况,在承担职责和社会义务的情况下,灵活行动、弹性思维、综合研判,进而形成不断优化的领导力。

(五)公共部门领导力的多维视角

Fernandez 提出了公共部门领导中的集成领导(Integrated Leadership),并指出以下五种领导风格将影响公共部门中的领导绩效:任务导向领导

---

① Foldy E G, Godlman L, Ospina S M. Sensegiving and the role of cognitive shifts in the work of leadership[J]. The Leadership Quarterly. 2007, 19 (5): 514-529.

(Task-oriented Leadership)、关系导向领导（Relations-oriented Leadership）、变革导向领导（Change-oriented Leadership）、多样性领导（Diversity-oriented Leadership）、诚信导向领导（Integrity-oriented Leadership）。[1] 不同的领导风格及特征趋势在公共部门领导力中都是普遍存在的，但是这并不意味着这些领导风格、领导行为是合适的，领导力具有非层次性、非排他性，尤其是在信息共享时代，授权成为领导力不断渗透拓展的重要形式。集成领导、关系导向领导正在将组织的追随者变为最核心的利益相关者，而这些对于人员的激励是深刻的。传统的集权领导力、权威领导力已经不太能够适应授权与共享的趋势导向，公共部门领导力及其培养必须尊重领导者及其下属，领导力更多地被视为一种综合性的引导能力，和一种让不同参与者共建和分享愿景的技能，而不是施加一套严苛、呆板、科层的权力体系，公共部门领导力不能够过于依赖层级及其正式职位，而需要向依赖团队、培养下属、主动担当、责任引领等方向转变。

三、西方公共部门领导力的主要类型及实践运用

以 Political Leadership、Community Leadership、Administrative Leadership 等为聚类标签，主要探讨公共部门领导力的分类研究及其实践运用等内容。综合分析上述公共领导力的众多研究，我们将其划分为三个维度：一是以"行政"为主的研究（Primarily Administrative）；二是有关"政治系统"（Political Systems）的研究；三是其他研究，主要包括社会团体领导（Community-based Leadership）、非营利组织领导（Non-profit Leadership）、教育和军队中的领导（Education or Military Professions）。具体而言，这些研究聚类主要集中在以下方面：政治领导（Political Leadership）、社区领导（Community Leadership）、行政领导（Administrative Leadership）。

（一）政治领导

政治领导重点关注领导选举、政策制定、领导促进和领导改革等内容。政治领导是相对于行政领导而言的。西方国家公共部门普遍基于政治—行政二分法分类，执掌立法权及中央政府权力的主要是政治性公共部门，而执掌行政权的如国务院、除中央以外的各级联邦政府、司局等都为

---

[1] Fernandez S, Cho Y J, Perry J L. Exploring the link between integrated leadership and public sector performance[J]. The Leadership Quarterly. 2010, 21（2）：308-323.

行政性公共部门。政治领导执掌着重大决策权力，影响重大议程设置并监督下级行政机关履行实施执政计划。政治领导由选举产生，也需要对选民或者选举机关负责。政治领导往往可以提出和制定一些影响全国或者某一领域的重大决策方案及事项，属于公共部门领导力的顶层部分。关于政治领导的研究往往会归入政治学研究领域乃至哲学、法学研究领域中。

（二）行政领导

行政领导重点关注非选举型领导的影响。在西方公共行政实务中，行政领导属于现代公务员体系。行政领导则是肩负行政职能、执行职能的公共部门领导层次，主要负责执行政治领导的指令、决策，这些领导一般属于考试进入公共部门的常任制公务员，行政领导的业务范围较为宽泛繁杂，对比政治领导而言行政领导的职责相对较多。行政领导必须坚持中立原则，即基于职业说明书和职业伦理，执行职位内容并接受上级政治领导的管理，其具体的负责对象是上级官员。对于行政领导考核培养的重点是政治素质、专业知识、智力素质以及身体素质，其中专业知识是不同职位行政领导必须具备的，专业知识及年资是西方常任制公务员即行政领导升职的主要考核依据。

（三）社区领导

社区领导重点关注部门之间的合作。社区领导是最基本的公共部门领导单位之一，社区领导并不是严格意义上的行政部门或政府部门的领导范畴，而是基于公共治理、公共利益的区域性需求而形成的公共性治理单位。社区领导基于一个居民社区或者自治组织，由居民自己提名选出的基层领导者，其不具备强制性权力，因此在协调沟通、应急处理、信息传达等方面的能力要求较高。学界认为社区领导应该能够积极发挥社区居民的主动性以及与相关行政部门的协作功能，由社区主体、市场主体以及政府多元参与的形式，共同处理社区面临的日常问题。

从整体上看，行政领导作为公共部门领导力的重要研究部分，在未来的研究中，将会继续深化和拓展，并作为公共领导的主要研究内容而存在。同时，公共部门领导力的相关理论研究如何有效运用到实践领域，并发挥其作用也是学界一直思考的问题。

四、西方公共部门领导力的有效性及能力测评

以 Performance、Model、Evaluation、Competency、Public-sector Leadership、

Efficiency 等为聚类标签，主要讨论公共组织领导绩效、领导执行力评估、领导有效性问题、公共部门领导力测评模型分析等，代表学者为 Andrews、Dull、Trottier、Javidan 和 Waldman 等。Currie 和 Lockett 指出，虽然公共部门的组织绩效受到很多因素的影响，但不可否认的是，领导是其中非常重要的一个因素。实证研究、数据分析和模型构建等研究方法被大量运用于公共部门绩效和追随者相关的研究之中。具体而言，主要包括两方面的内容：一是公共组织中的领导绩效；二是公共组织培养追随者。①

（一）公共组织中的领导绩效

领导绩效是用于测度领导能力、工作质量及职位贡献的主要途径，领导绩效一般由多个不同维度及其指标体系构成，在评估中由上级领导、下属及同级领导、自己分别进行评估打分，有时也引入外部第三方机构开展评估打分，进而综合考量公共组织中领导的绩效水平。2005 年，Fernandez 构建了一个集成领导模型用于测试教育部门中领导的胜任力，得出以下领导特质和风格对于组织绩效具有积极的作用，主要包括注重组织环境、积极参与组织内部活动、领导阅历、变革型领导等。② 之后，Park 和 Rainey 以美国政府的 6900 名职员为样本进行多变量分析，研究了交易型领导和变革型领导对公共组织绩效的影响。③ 近年来，对于领导绩效的评估已经开始从其数量水平向质量能力方向转变，绩效评估的反馈作用不断得到强化重视。绩效评估的方式方法也开始引入大数据处理技术，通过对领导管理轨迹的全面追踪以及数据分析，进而测度领导绩效的变动趋势以及提出改进绩效及其行为方式的对策建议。

（二）公共组织中的追随者培养

追随者培养一直都是学界关注的重点问题，但是以往的实证研究还比较少见，尤其关于如何将追随者培养为未来的领导者的研究目前主要还是

---

① Currie G, Lockett A. Distributing leadership in health and social care: Concertive, conjoint or collective? [J]. International Journal of Management Reviews, 2011, 13 (3): 286-300.

② Fernandez S. Developing and testing an integrative framework of public sector leadership: Evidence from the public education arena[J]. Journal of Public Administration Research and Theory, 2005, 15 (2): 197-217.

③ Park S M, Rainey H G. Leadership and public service motivation in US federal agencies[J]. International Public Management Journal, 2008, 11 (1): 1-33.

在理论讨论层面，而缺乏有力的数据支撑。追随者培养中哪些方面或者要素是最值得重视的，如何构建追随者培养的模型体系，以及是否应该开展追随者的分类培养方案，等等，目前还不够明确。追随者培养是一个长久的过程，既需要组织制订周密持续的培养方案，又需要基于组织发展、组织需求进行更新调整。更重要的是，对追随者的培养必须立足于追随者自身的价值追求，两者的契合程度、匹配程度对于培养效果的影响是深远的。

此外，一些学者如 Trottier[①]、Kim[②] 和 Albrecht[③] 还对领导风格与追随者满意度、公共部门领导者的管理能力、公共部门领导者的觉察力进行了研究。在追随者培养过程中，领导者的角色发挥及能力展示起着潜移默化的影响。因此，领导风格与下属追随者的风格如何耦合，不同风格特征能否有效嵌入、融合，领导者是否能够突破自我特质约束进而更加客观中立地引导追随者发展，等等，这些都是值得深入研究的问题。

五、西方公共部门领导力的组织参与及创新扩散

以 Innovation、Modernization、Public Sector、Organizational Performance 为标签，关注公共领导和组织领导的区别、渗透于公共组织中的领导力、领导参与问题、领导力的创新扩散研究等问题，代表作者为 Getha-Taylor、Kettl、Meier 和 O'Toole 等。20 世纪 80 年代以来，随着竞争的加剧和市场化的深入，学者开始分析公共部门与私营部门的区别，[④] 进而研究公共领导与组织领导的区别，形成了以下三个主要的流派。

一是相异流派（Dissimilar-purpose Thesis），他们指出公共部门领导与私人部门领导是完全不同的，呼吁对公共部门领导进行独立研究，分析其

---

① Trottier T, Van Wart M, Wang X H. Examining the nature and significance of leadership in government organization[J]. Public Administration Review, 2008, 68 (2): 319-333.

② Kim S E, Lee J W. The impact of management capacity on government innovation in Korea: An empirical study[J]. International Public Management Journal, 2009, 12 (3): 345-369.

③ Albrecht S. Leadership climate in the public sector: Feelings matter too![J]. International Journal of Public Administration, 2005, 28: 397-416.

④ Feeney M K. Sector perceptions among state-level public managers[J]. Journal of Public Administration Research and Theory, 2008, 18 (3): 465-494.

特征、作用与权限。他们认为,公共部门的授权与控制依赖于具体的法律文件,公权力使用的主要目的在于有效地收集和公平地分配公共物品,这是一个长期的持续性的过程;而私人部门将市场作为其主要的创新根源和生存基础,集中关注广大的消费者,总体上看是一个短期的追求利益最大化的过程。①

二是相似流派(Underlying-similarity Thesis),他们认为,公共部门领导和私营部门领导存在很大的相似性,两者都是基于影响力的再分配过程,都涉及组织、计划、安排、反馈等环节,应该将商业导向的方法运用到公共组织之中,尽量采用弹性化、自动化的调节机制,而非强制性、行政性的指令机制,从而尽量避免公共资源的浪费,促进公共部门领导力的高效发挥。②

三是整合流派(Convergence-of-sectors Thesis),他们认为公共部门与私营部门的沟通与交流有利于实现二者的融合,私营部门的市场化方法在无形中形成柔性弹性的领导力,而这种领导力往往是公共部门领导力所不具备的,这种领导力特征能够促进公共部门管理能力与公共领导者领导能力的提升,协助公共领导者构建多样化、多元化的交互思维模式,进而提升公共部门领导者、管理者乃至基层员工的胜任力。他们认为,私营部门领导力的引入能够推动公共部门改革与创新,提升其工作绩效、服务质量与公共性。③

相关研究认为组织领导力研究与公共领导力是相互独立的,组织领导力主要存在于私人组织中,而公共领导力则是基于政府公权力分配衍生的非独立性影响力。后来的研究发现领导力在公共部门中早就存在且随着部门结构的改革而呈现出扩散性,公共部门的领导力更多展现出多元柔性、弹性以及共享性。领导者并不直接制订组织目标,而是通过与大众的互动沟通以及与下属的反复讨论才能够制订整体方案和愿景方向,这就更易于

---

① Getha-Taylor H, Holmes M H, Jacobson W S, et al. Focusing the public leadership lens: Research propositions and questions in the minnowbrook tradition[J]. Journal of Public Administration Research and Theory, 2011, 21: 83-97.

② Hood C. Contemporary public management: A new global paradigm?[J]. Public Policy and Administration, 1995. 10, 104-107.

③ Kettl D F. The global public management revolution: A report on the trunsformation of governance[M]. Brookings Institution Press, 2005.

形成共同的令人接受的系统计划。因此，公共组织中的领导力具有更明显的多维性、扩散性，这也表明，公共组织的领导力在破除社会压力方面具有更多的方案，群众及下属的参与能够营造出更良性的氛围，从而促进和形成建设性的意见集群，减少团队分歧，促进整体效能的提升和团队能力的建设。[①]

在公共部门领导力的扩散性与参与性研究方面，近年来存在一个新兴的观点即整合型领导力。公共部门的整合型领导力是基于21世纪以来全球经济发展及社会结构存在的危机情境而产生的。尤其是2010年以后全球经济危机进一步发展，逆全球化声音有占据国际舞台中央的趋势，政府部门领导力遇到空前挑战，在治理理论基础的影响下，整合型领导力逐渐成为一种思路，领导力的碎片化、分散化受到反思批判，领导力在什么程度上可以共享分享，而所对应的责任又应该如何落实到具体对象，领导力的分享或者下放是否会导致一种无政府状态的出现？在对这些问题的反思研究中，如何有效整合进而形成真正的既能够渗透于组织中又能够保持统一高效的领导力，成为政府、公共部门乃至社会各界关注的焦点。整合型领导力不同于传统的科层型垂直式的领导力，更不是威权领导力，但在实践过程中如何构建整合型领导力的具体机制及实现制度是当前的重点与难点。整合型领导力对于目标愿景、组织文化、成员价值以及组织制度等设计提出了很高的要求，同时在设计与执行中必须兼顾过程与结果两个导向，而不能偏好其一。整合型领导力对于领导者的能力素质要求远远高于对追随者的能力素质要求，领导者要具有魅力和引领能力，还要精通专业知识，同时还要具备高超的道德伦理素质。因此一些批评者认为，整合型领导力是一种完美主义领导力，这在现实社会中、现实组织中几乎难以实现，或者说难以大规模复制推广，因此它不是一项可以操作化的研究对象。对于这种批评，相关的研究似乎没有强有力的驳斥依据，因为在不同的跟踪研究、个案研究中，都难以提出十分扎实的数据或者案例、理论等对这些批评给予有效回应。整合型领导力研究者期望通过追随者逆向参与到领导活动中探寻整合型的闭环合作过程，即通过追随者与领导者的通力合作，构

---

① Ospina S M. Collective leadership and context in public administration: Bridging public leadership research and leadership studies[J]. Public Administration Review, 2017, 77 (2): 275-287.

建整合型领导力。但是整合型领导力是自下而上还是自上而下或者是去中心化的有序参与呢，这个基本问题还没有得到有效的解决。目前的相关研究还处于起步阶段，也许在现代教育水平和信息技术能力等不断提升的情况下，整合型领导力可以成为未来时期可执行、可操作及可复制的领导愿景。

也有学者基于领导力创新扩散的角度，提出公共部门领导应该更着重于综合思维，要将领导力的选择、提升、效率与组织制度、管理系统等相融合，将领导力作用于公共管理的改革过程中，在这个历史进程中确定领导力的角色地位和领导力的扩散影响。有学者通过采集美国50个州的公共部门数据，发现领导力综合运用正在成为政府改革中最受欢迎的举措之一。领导力的综合运用不是指单一领导者综合运用其权力，而是公共机构依托制度化建设将权力扩散到不同层级、不同职位，而这种扩散了的权力必须是结构性且弹性化的，能够及时根据业务内容、组织环境进行灵活调整，这个过程也有赖于现代信息系统的应用，在硬件与软件的互动融合中促使领导力的创新扩散，提高其效率和执行结果。① 该研究的一项重要发现是，基于信息技术和制度变革的领导力的创新扩散，极大地避免了领导者与下属之间的信息不对称性，强化了不同职位人员专业性的发挥，并提升了公共部门决策的准确性和高效性。

六、西方公共部门领导力的知识来源及理论创新

以 Charismatic Leadership、Transactional Leadership、Transformational Leadership、Integrity Leadership、Shared Leadership 等为聚类标签，主要探讨公共部门领导力研究的基础理论，主流理论是否适用于公共部门领导力研究及公共领导的理论创新等问题，代表作者有 Terry、Fairholm、Kapucu、Silvia 和 Crosby 等。近百年领导学理论的发展为公共部门领导力的研究奠定了良好的理论基础，从领导特质理论阶段到领导风格理论阶段、行为理论阶段、领导权变理论阶段，并进入到了新领导理论阶段，领导学经历了理论与实践的发展，研究内容和方法也不断创新，这也推动了公共部门领导力研究内容和方法的创新。基础理论对于公共部门领导力研究的推进起到了知识支撑

---

① Moynihan D P, Ingraham P W. Integrative leadership in the public sector: a model of performance-information use[J]. Administration & Society, 2004, 36 (4): 427-453.

作用，有必要对不同阶段的领导理论演进进行简要的梳理回顾。

20世纪20年代，阿尔波特、斯托格迪尔、亨利、巴纳德等人基于管理学的迅速发展，尤其是在科学管理原理和古典管理理论的推进下，开展了领导能力研究，这一阶段处于古典魅力领导阶段，学界将之定义为特质理论阶段。阿尔波特较早提出领导才能是天生的、是个体性的，他还从近2000个不同的形容词中提取描述个体特质的指向意义，他认为成功的领导力应该具备十二个品质如成就动机、责任感、决策能力、自信、敏捷度、亲近领导、不受家庭羁绊和良好的人际关系等；后来斯托格迪尔则将领导能力界定为身体特征、智力特征、个性特性、工作特征和社会特征等维度，不同的维度形成不同的魅力特质；其后亨利、吉赛利、巴纳德、厄威克等人也从不同角度探究了领导特质理论，由于其所处时期不同因而得出了相异化的结论。后来莫尔又基于对美国大中型企业领导者的调查提出，领导者应该具备十项个人特质，如合作精神、决策力、组织力、应变力、风险精神、敢于负责、品质高尚、合理授权、创新精神和尊重同事等。这些研究在今天看来仍然具有很大的指导意义，尤其是21世纪以来兴起的魅力型领导研究在很大程度上借鉴和继承了领导特质理论阶段的思想精髓。

领导风格理论的兴起，主要受到特质类型太多、难以穷尽且缺乏整合性的影响，领导特质理论发展到后期，不同的学者提出领导特质理论数量繁多的特质，仿佛拥有这些特质就能够成为出色的领导者，这些特质又多是天生的而不是能够后天习得的，这导致特质理论逐渐地不为大众所接受，并且在学界、企业界此理论也受到大量的质疑。许多企业家并不是天生的，而是经过数十年的培养和锻造以及宝贵的人生经历才成为了出色的企业领导者，这不是仅靠特质理论能够完全概括和解释的。后来美国心理学者勒温发现，领导气质或者说领导风格呈现出类型化态势，他研究过去数十年的企业界领导者、政界领导者的案例并提出了领导是有其固有风格的，不同的风格影响组织的发展进程，并会对下属带来深刻的影响，而风格本身并不分好与坏。不同的风格都有其优势与不足，领导风格具有十分强大的能动性。勒温认为不同的组织机构以不同风格的方式在运作，而这种风格与其领导者保持一致，领导者们一般都拥有固定的特有的风格作风，个别领导者也可能拥有多样化、多类型的领导风格。勒温最突出的贡献是他提出了领导风格的三大类型，即专制型领导风格、民主型领导风格和放任型领导风格。勒温及其他学者都认同多数领导是不同风格类型的混合体，领导风格应该跟随组织面临的情境以及组织愿景、下属能力等进行调整，然而领导风格一旦形成后在大多数情况下是很难快速有效地转变。

伴随着对风格固化的质疑和批判，领导行为成为学界关注的焦点，领导者的行为是否一成不变，领导者的行为有什么样的类型，领导者行为变化对组织发展有什么样的影响等问题支撑了领导行为研究的开展。领导行为研究聚焦于领导者行为与情境及结果的关系问题。20世纪40年代，美国俄亥俄州立大学学者基于规模领导行为数据调研，提出了出色的领导者必然会关心人（员工）或者关心工作，卓越的领导者则兼而有之。从关心员工和关心工作两个维度出发创新地提出了领导者行为四分图。后来的密执安大学研究人员提出了领导行为应该分为员工导向和生产导向两个维度。布莱克、穆顿进一步将领导行为方格图沿着关心员工和关心工作两个维度细化为横向9个维度、纵向9个维度，试图将领导行为进一步具体化、定量化。行为方格的四角分为俱乐部型行为、团队型行为、任务型行为、贫乏型行为，中间则为综合型行为。经过领导行为研究发现，领导者对人和工作都不关心则必然面临失败，而领导者对人和工作都非常关心、积极关注则在很大程度上将取得成功，对人和工作都有一定的关心且程度适中则是领导行为的常态，也是现实中较多领导者体现出来的行为特征。后来的日本学者三隅二不二在基于日本企业家行为研究的基础上，也提出了PM领导行为理论，他将领导方式分类为绩效导向和关系导向，我国学者徐联仓等人也有相关研究成果。[①] 总体上看，领导行为是通过领导者的日常具体行为表现及其对员工、组织的影响情况，来探究组织所需要的最佳行为方式。行为研究后期也面临学者的质疑：行为是不是可以改变？行为是不是可以选择？行为变化的动因是什么？尤其是受到经济发展加快等的影响，领导行为的风格化受到越来越多的批判。这也是20世纪70年代以来权变理论研究兴起的大背景。

70年代全球经济一体化、区域化以及信息技术取得突飞猛进的发展，"地球村"概念不断充实，不同国家政府、私营组织等都面临着不断发生变化的环境，组织亟须更有效的领导力，而传统的领导理论难以适应情境变化带来的压力和挑战，因此领导权变理论（也成为领导情境理论）应运而生。面对空前变化的全球环境，人们开始怀疑领导是否是万能的，是否

---

① 彼德·诺斯豪斯. 领导学：理论与实践[M]. 南京：江苏教育出版社，2002.

存在单一的稳定的领导风格。在这个过程中大量的学者开始接受或者关注"情境"这一要素。领导者、追随者与情境形成了领导过程，情境成为领导过程不可或缺的要素之一。面对情境变化，领导权变的重要性凸显出来。直到今天，学界也认同情境因素在领导过程中起到的重要影响作用，情境因素强化了"不存在一种绝对的最佳的领导方式"的认识。在这个过程中豪斯提出了路径—目标理论，维克多·弗鲁姆和耶顿提出了领导—参与理论，罗伯特·坦南鲍姆提出了领导行为连续统一体理论、弗莱德·费德勒提出了有效领导的权变模式假设、赫塞和布兰查德等也提出了具有特色的情境领导理论。进入21世纪后，对于情境与权变的强调没有减少，反而更加强烈，尤其是在全球经济危机及经济不景气的今天，全球政府组织及公共部门都在不遗余力地强化领导力，这与20世纪90年代改革政府时期倡导"政府领导力"退出存在很大差异。形势的变化，使政府部门更重视领导力的权变调整，不同时期领导力介入市场、介入私域的强度与周期需要根据情境变化而改变。出色的公共部门领导者能够顺应周边情境来调整政策制订、发展计划以及战略执行等。

新领导理论是在权变领导理论基础上发展及信息技术不断进步激发产生的，其中，巴斯、伯恩斯等人提出的变革型领导、交易型领导、领导—成员交换理论、魅力型领导等成为新领导理论的重要基础，领导理论进入丛林时期。公共领导、破坏性领导、共享领导、集成领导、女性领导、诚信领导、责任领导等具有不同价值内涵且实践导向强的领导理论层出不穷，这些领导理论在公共部门都有不同程度的展现和应用。

在前沿理论内容层面，公共部门领导力的研究中也呈现出许多新的理论范式，诸如集成领导（Integrity Leadership）、效率领导（Effective Leadership）、伦理领导（Ethic Leadership）等，研究内容涉及公共部门领导合作、绩效与公共部门领导力培养、公共部门领导生态系统等。尽管我国学者对于前沿领导理论涉足还不多，但是对于前沿领导理论的引介研究已经不少，尤其是十八大以来我国反腐败治理广泛开展，责任型领导、伦理型领导、领导问责等成为学界和政界关注的焦点。责任型领导的提出是对变革型领导与交易型领导过度关注领导目标驱动、权力导向的纠正，过度关注目标驱动、权力互动容易导致领导者、追随者对变革权力的贪恋，进而形成内部权力集团，伤害公共利益、社会利益、共同利益。我国近年来反腐败治理中受到党纪国法制裁的一部分高官，其中的个别领导干部就是走入了扭曲性变革权力误区，而忽略了自身责任、道德约束，对职位赋予的权力任性妄为，致使党、国家和人民蒙受巨大损失。公共部门责任型领导是将关注的焦点扩展到了领导行为与利益相关者关系的圈层中，进而从更宏观的视角审视领导者及其下属、自身组织所处的具体情境，要求领导者具备更严格的责任意识和更高水平的伦理道德，公共部门责任型领导以人民为中心的价值导向成为政府部门开展事务的核心指引。我国的责任型领导研究与国家战略、社会现实紧密联系，责任型领导研究关注党政领导干部是否敢于担当责任、是否权为民所用。同时，学界还将责任型领导研究与组织绩效、下属创新、生态治理、公共服务、基层治理、扶贫脱贫等相结合，促进了国内公共部门责任型领导及新领导理论的前进发展。

在方法研究层面，公共部门领导力研究也突破了传统的经验研究方法，进入研究方法的多元时期，大量的定量和定性研究方法被运用到公共部门领导力的相关研究之中，主要的研究方法包括基于数据的研究方法（Data-based）、案例研究法（Case Study）、比较案例研究（Comparative Case Study）、传记法（Biography）和理论研究法（Theoretical）。在这方面西方国家学者更为突出，他们往往将领导理论研究与心理学、行为学等结合，采用实验观察、心理分析等方法开展领导人员的行为、风格研究，并获得第一手资料，进而开展多层次的综合性研究，尤其是部分学者通过网络调查能够获得大数据信息的优势，深度开展某种类型领导力与组织情境的契合研究，实证反映领导理论的实践效应以及不同维度因素在领导实践中的影响力问题。我国当前的公共部门领导力研究在方法上主要是问卷调查、结构访谈以及有限度的行为跟踪调查，尽管也得出了一些宝贵的数据并在一定程度上支撑了领导力研究成果。但是，总体上看国内领导力研究在研究方法上还缺乏规模性、综合性，在具体的信息技术运用上也比较滞后，大数据的心理分析、行为追踪还没有深度开展，这就严重影响了领导力研究的准确性和科学性，相关研究成果的可靠性和创新性也受到质疑。未来应该强化研究方法指导，运用现代信息技术提升研究方法的系统性、严密性和数据规模性，扩大研究工具、技术方法的可选择性，促进领导力自身及相关因素研究的深度开展。

第六章　研究结论与研究展望

第一节　研究结论[①]

本研究运用目前全球信息可视化研究领域的国际前沿软件工具Citespace，对国际上公认的领导学领域的核心学术期刊的文献资料进行可视化分析，绘制了领导学和公共领导研究领域主干内容演进的文献共被引网络图谱、作者共被引网络图谱和关键词共现网络图谱等内容。同时，以"公共部门领导""公共领导""公共部门领导力"等为研究主题，并以此研究领域文献数据的可视化分析发案例，绘制了公共领导的作者共被引网络图谱，梳理了公共领导理论演进的主要脉络和关键路径，绘制公共领导领域的文献—突现主题词共引网络图谱，分析了公共领导研究领域的前沿热点，为分析领导学其他领域研究前沿热点提供了方法基础。在以上研究的基础上，分析总结了国外领导学及公共领导研究的主题演化及发展脉络，提出了对我国领导学研究及公共领导研究的管理启示。

一、信息可视化工具应用的研究结论

由美国德雷克塞尔大学信息科学与技术学院陈超美开发的信息可视化软件是目前国际上领先的信息可视化分析工具，能够有效地探测研究领域的发展路径与演化规律。其操作性强且简单易学，有效地将信息学、情报学、计算机等学科知识和技术结合起来，利用引文分析、科学计量的理论知识，将大量的科学文献进行计量分析，以时间区隔为单位，绘制研究领域的科学知识图谱，通过分析科学知识图谱的聚类分布、节点连线特征等内容，展示科学研究随时间变化的动态演进过程，并通过关键节点信息和关键文献来展示学科领域知识转化和流动的关键路径，识别不同文献主体

[①] 部分内容源自笔者硕士论文。

之间的聚类关系和逻辑体系。同时，通过对文献数据的文献—突现主题词混合网络图谱的分析，可以详细揭示不同研究领域和研究主题的前沿热点和未来的研究趋势。Citespace 信息可视化软件是科学计量和情报科学领域的重要研究工具，是进行文献计量、实现信息可视化的重要手段和方法。

二、西方领导学演进的研究结论

利用 Citespace 可视化分析工具，以领导学研究的核心期刊《领导学季刊》1998—2018 年间的研究成果为研究对象，对其进行计量分析和文献共被引分析，通过不同聚类的主题词、关键词和重要节点及聚类团组的文献时间演化规律，展示了领导学研究的基本现状、路径演化、主题维度等，绘制了一系列知识图谱，展示了近 20 年领导力研究的全貌与发展路径。另外，通过 Citespace 软件的 Pathfinder 算法，可以简化分析过程和计算流程，简化科学文献网络的节点和连线并突出重要节点与主题文献，绘制了领导学研究的代表作者图谱、共被引文献图谱，通过共被引网络中关键节点文献间的知识流动和转移脉络，梳理了领导学主干理论的关键演进路径。

具体研究结论包括：（1）Mumford M. D.、Hunt J. G.、Avolio B. J.、Yammarino F. J.、Gardner W. L. 等学者是领导学学科研究的主要力量，他们在项目研究、团队建设、跨界合作等方面的贡献推动了新领导理论时期领导学学科的发展；（2）伯恩斯的《领导论》及其交易型领导与变革型领导理论、豪斯的"1976 年魅力型领导理论"、巴斯的变革型领导应用研究、Graen 等人的领导成员—交换理论、加里·尤克尔倡导的组织领导力理论、Lord 的领导类型分析等成果在"领导理论丛林"中大放异彩，成为学科发展中重要的知识创新、理论创新；（3）领导学研究的热点前沿层出不穷，如本尼斯、寇责斯、鲍斯讷等学者"再造"变革型领导，康克、亨特等的魅力型领导模型与要素量表，Pearce、Perry、Page、Lambert 等一批学者开展的共享领导研究，Ford、Northouse、Yukl 等对团队与领导的拓展分析，Ashforth、Tepper、Kellerman 等从创新性视角讨论的破坏型领导，Meindl、Mumford、Nelson 等关注了追随者、追随动机、追随力等，Kellerman、Van Wart、Crosby 等对公共部门领导力展开探索，其他热点还有真诚领导、分布式领导、女性领导等。

三、西方公共部门领导力现状的研究结论

利用 Citespace 软件，对西方公共部门领导力研究主题的相关文献资料进行分析，重点讨论了公共部门领导力研究的文献分布、核心作者、期刊平台、被引文献、知识网络等，绘制了一系列知识图谱，展示了近20年公共部门领导力研究的全貌。在公共部门领导力研究方面，基于1997—2018年间公共部门领导力研究的西方权威期刊文献的计量分析，绘制了共被引作者图谱、共被引文献图谱、共被引期刊图谱、时区视图、共词分析图谱。通过对研究文献进行文献计量分析，绘制西方公共部门领导力研究的知识图谱，通过共被引网络和科学知识图谱所展示的主要聚类与关键节点来分析近年来公共部门领导力发展的主要路径与脉络，梳理了西方公共部门领导力研究的核心作者、核心期刊、核心主题及未来的研究热点与发展方向。

具体的研究结论包括：（1）在文献增长上，剖析了文献年代分布及增长规律，认为公共部门领导力研究正处于上升阶段，具有较强的爆发力、生命力。（2）在权威期刊上，*Public Administration Review*、*Leadership Quarterly* 等成为本领域最受关注的学术交流平台。（3）在国家分布及合作研究上，美国、欧洲国家的发文量遥遥领先，中国也出现了较多成果，相比之下，欧美地区的合作研究比较普遍，中国学者在合作研究方面存在差距。（4）在知识基础上，通过共被引作者图谱及列表的分析，归纳阐释了九个权威学者聚类；通过共被引文献图谱及列表的分析，对七个核心主题聚类进行了阐释；这些经典的研究成果成为公共部门领导力研究最重要的知识来源与理论基础，并且直接影响了当前及未来研究的开展。（5）在研究演化上，通过对不同时期关键词视图及列表的分析，从宏观整体上看，研究层次处于较低水平，研究内容有待充实，研究潜力亟须挖掘。从微观演化上看，公共部门领导力理论与实践的研究逐渐成为主流，关于内涵特性、理论体系、培养评估、应用价值等讨论仍将继续开展，一些新主题如跨视角的公共部门领导力研究、突发事件中的危机领导、互联网中的公共领导等不断出现。（6）在研究主题上，通过共词知识图谱及演化路径的综合判断，将公共部门领导力研究划分为六大主题维度：公共部门领导力的内涵、属性、地位边界及未来方向等；公共部门领导力的培养计划及领导风格研究；公共部门领导力的研究分类、实践运用；公共部门领导力的有效

性、绩效评估及能力测评；公共部门的组织领导力及参与、扩散问题；公共部门领导力研究的基础理论及理论创新。

四、西方公共部门领导力热点主题的研究结论

基于科学计量学与信息科学，分析了科学知识领域"研究前沿"和"研究热点"的主要价值，应用 Citespace 软件绘制了西方公共部门领导力研究的关键词共现网络，并对绘制的知识图谱和形成的主要聚类进行整合分析。同时，运用了文献数据的二次检索的办法，绘制突现文献的施引文献的关键词共现网络图谱，结合突现文献和高被引文献信息，总结了西方公共部门领导力研究的主要的研究前沿和研究热点，以及未来的主要研究方向。以核心主题词为检索依据，下载了公共部门领导力研究领域的文献资料，详细分析了公共部门领导力领域研究的热点与前沿。总结公共部门领导力研究领域的关键节点文献及其在领导学领域演进过程中的重要作用，探测了公共部门领导力研究的前沿方向。研究结果表明，公共部门领导力研究已经成为一个相对独立的学术领域，尽管理论体系不够完善、知识结构不够发达，以及关于其内涵、特点、方向的论争仍然存在，但是这似乎是学科良性发展的正常现象。研究发现，越来越多的学者都坚持了公共部门领导力研究的独立性、系统性。不管是在传统的公共部门和私营部门领导力之间差异的讨论中，还是在现代的互联网背景下公共组织领导力有效性的质疑中，一系列新的论文、著作等研究成果不断地产生，并且得到大量的引用，这表明公共部门领导力研究在传承与创新中成长着。

在内外部环境剧烈变化、组织结构日益网络化的 21 世纪，各个国家和地区兴起了一场谋求治理与善治 "Good Governance" 的浪潮，"领导力发展计划" 应运而生，这些计划表明国家和政府迫切希望改善公共领导者和管理者的技能和业绩，然而这些培养计划、干预计划迄今为止成功者有限，原有的商业企业领导理论能否完全适用于公共部门，答案似乎是否定的，领导力发展计划必须侧重考虑公共机构的内部特性，公共部门领导力的相关研究将会有助于填补这一空白。

第二节 对我国干部人事制度改革的启示

公共部门领导力研究是对行政领导研究领域的重要拓展,对于以政府部门为代表的公共部门人力资源管理工作影响深远。公共部门领导力研究的系列成果能够帮助提升政府机构人力资源管理水平,改进政府机构工作绩效。

近年来,我国一直不断推进深化干部人事制度改革,并出台了一系列重要的指导性政策文件,取得了许多显著成就。十九大前后,习近平总书记多次提出"抓关键少数",强调干部要"三严三实",要求形成"头雁效应",狠抓"四风",选拔任用"好干部",干部激励"三个区分",等等,这些干部人事制度改革的思想在习近平新时代中国特色社会主义思想中占据重要地位。

我国的干部人事制度改革具有连续性的、一贯性的特征。最近十年来我国从不同方面出台了很多具有指导性、可操作性的干部人事制度改革的决定、纲要、意见和办法等。如,2009年党的第十七届四中全会《中共中央关于加强和改进新形势下党的建设若干重大问题的决定》提出,"深化干部人事制度改革,建设善于推动科学发展、促进社会和谐的高素质干部队伍"。① 2009年12月中共中央办公厅印发了《2010—2020年深化干部人事制度改革规划纲要》,对2010—2020年深化干部人事制度改革做出了全面规划,提出"规范干部选拔任用提名制度""健全促进科学发展的党政领导班子和领导干部考核评价机制""加大竞争性选拔干部工作力度"等诸多任务要求,强调通过深化干部人事制度改革,不断提高干部人事工作的科学化、民主化、制度化水平。② 党的十八大提出,"要深化干部人事制度改革,建设高素质执政骨干队伍",并进一步要求"全面准确贯彻民主、公开、竞争、择优方针,扩大干部工作民主,提高民主质量,完善竞争性

---

① 中国共产党第十七届中央委员会第四次全体会议公报[EB/OL]. http://news.xinhuanet.com/lianzheng/2009-09/18/content_ 12086249.html.

② 中共中央办公厅关于印发《2010—2020年深化干部人事制度改革规划纲要》的通知[EB/OL]. http://cpc.people.com.cn/.

选拔干部方式。完善干部考核评价机制,健全干部管理体制。加强和改进干部培训,加大培养选拔优秀年轻干部力度,重视培养选拔女干部和少数民族干部,鼓励年轻干部到基层和艰苦地区锻炼成长"[①]。2013年6月28日,习近平同志在全国组织工作会议作重要讲话,强调"建设一支宏大高素质干部队伍,确保党始终成为坚强领导核心",并对如何培养选拔党和人民需要的好干部给了深刻解答,"坚持党管干部原则,深化干部人事制度改革,构建有效管用、简便易行的选人用人机制,使各方面优秀干部充分涌现""改革和完善干部考核评价制度""改进竞争性选拔干部办法……坚决纠正唯票取人、唯分取人等现象""改进优秀年轻干部培养选拔机制……用好各年龄段干部""区分实施选任制和委任制干部选拔方式"。[②] 同年,党的十八届三中全会通过《中共中央关于全面深化改革若干重大问题的决定》再次强调,"坚持党管干部原则,深化干部人事制度改革,构建有效管用、简便易行的选人用人机制,使各方面优秀干部充分涌现。"[③]

上述一系列党的重要会议决定决议和国家领导人重要讲话等表明了党对我国党政干部工作以及干部人事制度改革的重视,从各个方面设计了改革的要求、目标、任务等,这些改革措施旨在全面提升干部人事工作水平,全面提升党的执政能力、领导能力和执政水平。

当前,决策层和理论界都在不断强调,我国的干部人事制度改革必须有科学化的理论指导,在不断挖掘创新国内干部工作新举措的同时,也必须借鉴学习相关的研究成果,包括领导力研究的成果、人力资源研究的成果等。因而,西方公共部门领导力研究的一些优秀成果也值得我们参考研究。在此,结合我国现阶段国情,尤其是当前深化干部人事制度改革的具体要求,我们提出几点建议,以供思考讨论。

(一)改进领导干部选拔任用机制

领导干部选拔任用机制历来都是我国干部人事制度改革的重点、难点。目前,领导干部选拔任用机制要更加关注机制体制、实践形式、操作

[①] 党的十八大报告(全文)[EB/OL]. http://phycjy.pinghu.gov.cn/readnews.asp?id=3121.

[②] 罗中枢:习近平干部人事制度改革路线图[EB/OL]. http://theory.people.com.cn/n/2014/0109/c112851-24070284.html, 2014-01-09.

[③] 中国共产党十八届三中全会公报发布(全文)[EB/OL]. http://news.xinhuanet.com/house/tj/2013-11-14/c_118121513.htm.

办法等方面的建设,应该适当学习和引入企业单位的人力资源选拔管理办法,考察借鉴西方公共部门行政人员尤其是高级行政人员的选用办法。例如,西方国家在选拔任用公职人员时早已大量使用职位分析、职位说明书等,并根据职位分析的特征及要求来安排不同的选用方式及候选人员。这不仅能够使发现和使用人才变得更加有效率,而且还使对职员的考核评价、能力培养、激励监督等更加精准便捷。

(二) 健全领导干部考核评价机制

在干部人事工作中,考核评价机制是非常重要的一个方面,其中考核评价指标体系的科学性、合理性尤为关键。目前我国在领导干部考核评价方面的指导思想是"德、能、勤、绩、廉"及群众公认,这符合我们党和群众对于官员的综合素质能力要求,但是在考核评价的指标设计和操作过程中则存在一定的模糊性、误差度。对领导干部的考核评价应该以"德、能、勤、绩、廉"及群众公认作为价值导向,在实际操作中,应该重视对领导干部的岗位表现进行评价,尤其是突出对其领导有效性、领导能力、胜任力的测评,这样才能不断优化领导绩效。

从西方公共部门领导研究的成果来看,在对特殊的高级领导岗位的考核评价过程中,领导能力要素及胜任力要素等决定了领导有效性的高低,并且显著影响组织的整体绩效。因而,可以将领导力测评模型、领导胜任力测评、职业能力测评等领导学、人力资源管理及心理学的成熟研究成果,根据职位分析或职位说明书修正规范后引入到我国的干部人事工作中。同时还要注意,我国干部人事工作实行集体领导制的特殊性,因而应该将岗位评价与班子评价放在一个考核系统中进行评价。

(三) 强化领导干部培养与培训教育

高素质干部队伍的建设离不开人才培养和培训教育。加强干部队伍的人才培养、培训教育,是深化干部人事制度改革的基本要求之一。以往的干部培养与培训教育一般只注重干部的业务能力、执行能力,而缺乏对干部的领导能力的提升。当今社会竞争力的重要来源之一在于领导能力,培养领导干部的领导能力是提升党的执政能力的重要基础。因而,必须重视加强领导干部领导力的培养与培训教育。在干部人事工作中应该积极设计干部领导力的培养计划,并大力推进领导干部的领导力培养工作。从领导干部的行为方式、教育培训、实行方案等方面着手,制订科学的领导力培养计划，可以在中央党校、国家行政学院和分布全国的十三家干部培训高校基地，制订相关的领导力培训课程，深入开展干部教育、领导力培养等工作。

当前，我国各级党政机关开展的各式各样的培训已经很普遍，但是还鲜有对这些培训活动带来多大效果的评估案例。在领导干部领导力培养的过程中，应该仔细研究培训的成本、效率、模式及局限。西方专家学者认为要提升领导力培训的效果就必须在实施主体、内容设置、执行反馈上改革领导力培训项目，这是需要我们注意的。

在领导能力培训培养的相关方面，西方公共部门已经有比较成熟的领导力培养体系及方案，可以结合我国国情，参考借鉴国外公共部门领导力培养的相关实践成果，如 FRLD（Full Range Leadership Development，领导力发展计划）、ILS（Integratire Leadership System，集成领导力提升系统）和 Leadership Framework（美国的领导力框架模型）等。从整体上看，应注重建立以能力为核心的干部培训教育体系，更新培训教育内容和手段，坚持理论教育与能力培训相结合，努力使培训教育成果转化为可应用于实际的领导能力，全面提升干部综合素质。

（四）完善领导干部管理监督机制

西方公共部门职员的管理监督已经形成了一套全面覆盖的立体体系，主要基于职位的权力边界对相关职员的行为进行规范管理。该办法的主要内容是：公共部门对其各个层级的职位进行明确划分，并且辅之以对等的职务与职级序列，减少职员的后顾之忧；设计清晰明确、内容详尽的职位说明书，要求职员严格依据说明书开展工作；实行以上级垂直监督和司法、社会等独立监督相结合的多重监督模式；同时运用大量立法以及设置内部规章等方式规范职员的权力与责任；随着公职部门中立原则、功绩制的不断变革，公职人员获得了更多参与公共决策的机会，然而这一趋势仍然处于有效约束之下。这些做法的实施使公共部门领导力的广泛性、科学性、准确性等得以稳步提升，进而改善着公共部门的运作机制。

在完善我国干部管理监督的过程中，一方面应该积极吸收国外的一些先进做法，另一方面应该需要审视我国的特殊国情。不仅从宏观层面看待干部管理监督问题，而且更应该从现实操作的视角设计干部管理监督机制。通过加强干部公开选拔的透明度与民主化，改进现有的干部分类管理方法，建立健全干部考核评价体系，培养干部的监督意识和道德素质，综合运用引咎辞职制、领导问责制、弹劾罢免制、干部财产申报制度等办法，将组织监督、公众监督、社会舆论监督、网络监督有机结合，建立自律与他律兼备的干部管理监督机制。

（五）健全领导干部激励保障机制

科学有效的激励保障机制是提升领导干部工作积极性的重要方面。西方公共部门领导力研究认为，公职人员应该实行宽带薪酬的激励机制，而不应该使公职人员仅能通过晋升来提升工资待遇。西方公共部门在实践中不仅采纳了这些建议，而且还制定了保护公职人员相关权益的法律法规，这些举措保证了公共部门的公职人员获得体面且有保障的生活，进而巩固和提升了公职人员的工作绩效。这些有益经验可以作为我们健全干部激励保障机制的参考。

首先，应该适当增加职务级别，尽快推广职务与职级并行，薪酬与职级挂钩的制度设计，合理调整级别工资水平，使普通公务员能够通过晋升级别获得较好的薪酬回报；其次，逐步取消非领导职务的设置，严格监督约束领导职务的权限；最后，还要适当提升基层以及"老少边穷"地区公务员工资待遇水平。另外还要继续深化公务员工资制度改革，建立健全相应的社会保障体系，激发广大领导干部干事创业的积极性。

（六）转变领导干部工作作风

西方公共部门领导力研究十分关注领导者的个性特质、道德伦理以及他们的行为方式，这些内容往往影响着他们的工作作风。关于个性特质的研究主要包含于领导特质理论以及魅力型领导理论中，而关注行为方式的主要研究是领导行为理论，近期兴起的领导伦理理论则是新领导理论的前沿研究。其中，领导伦理理论从一个崭新的视角解读了领导作风的形成、发展及演变，比较著名的有海费茨的领导伦理观、伯恩斯的领导伦理观、格林利夫的领导伦理观，他们不约而同地认为，领导伦理是领导道德的源头，是领导权力与义务、权力与职责的对等表达。因而在西方公共部门领导力培养和发展过程中，十分重视领导伦理、领导道德的培养，并且将领导伦理列为公职人员晋升考核的必然项目。

当前，针对我国领导干部队伍中出现的"懒、散、庸、拖、贪"等不良的工作作风，中央及时发布关于改进工作作风、密切联系群众的八项规定，切实扭转了领导干部的工作作风，确保了党的干部队伍的纯洁性、廉政性。今后在领导干部队伍良好工作作风培养中，应该积极开展道德文明建设、公共价值培养等活动，同时要加快相关监督管理、激励保障等方面的制度化建设，使伦理道德熏陶与体制机制约束相结合，形成干部工作作风的良性发展。

（七）加快干部人事工作理论建设

我们注意到我国大约每十年就会有相关的干部人事制度改革规划纲要出台，这体现了我国在干部人事制度改革理论建设上的进展。重视开展干部人事制度改革的相关理论建设，能够为干部人事工作科学化、制度化提供理论指导。

西方领导学以及公共部门领导力等领域在基础理论创新方面做出了较多成果，出现了如领导特质理论、领导作风理论、领导行为理论、领导权变理论，以及以变革型领导理论、团队领导力量、组织领导理论等为代表的新领导理论，并在这些理论指引下产生了不同的领导范式，如集成领导、效率领导、伦理领导、共享领导等，前文都有详细介绍，这些理论成果为西方公共部门的组织合作与领导合作、组织绩效与领导力培养、组织生态环境改进等提供了强大理论支撑。将西方先进的领导理论成果与中国的文化环境、领导实践等相结合，是领导学中国化的必然趋势，对于加快我国干部人事工作的理论建设具有巨大的推动作用。我们应该积极吸收西方领导学理论研究的有益元素，推进我国干部人事制度改革的理论创新，为深化干部人事制度改革服务。

第三节　研究不足与研究展望

一、研究不足

虽然这项研究试图覆盖整个领域的研究主题、描绘整个研究的演化趋势，但是受限于详尽剖析每个主题要点的难度，以及数据处理水平、个人研究能力等原因，一些泛化的研究难以避免，一些主题不得不简约阐释，一些局部的、边缘的研究没有机会论述。领导学学科的发展是公共部门领导力研究的重要知识基础，两者关系极其密切，有必要对其进行全面的论述，但是这又会导致全文结构有些复杂。

在过去十几年里，公共部门领导力研究的重点仍然是行政领导，但是为了能够全面展示公共部门领导力研究的历史进程和基本内容，因而对行政领导的回顾研究并没有那么深入。此外，虽然在选用时对SSCI等引文数据库进行了检测审查，但是可能一些有价值的刊物被排除在内容之外，导致数据存在一定的缺失。

二、研究展望

从已有研究成果来看，公共部门领导力研究具备了一定的独立性、系统性、持续性，目前的研究主题都具有强大的生命力，一些新的前沿热点还会陆续出现。在未来的研究中，需要进一步完善主题词甄选机制，确保原始数据的科学性和标准化，为文献计量分析和可视化分析奠定坚实的基础，同时，充分挖掘 Citespace 的文献计量功能与分析功能，如共被引分析、社会网络分析和时区分析，通过著作共被引网络、期刊共被引网络、机构共被引网络等分析方法，全面廓清学科知识领域的结构特征与发展脉络，为学科知识领域演进和知识结构的可视化探测提供更加丰富的知识基础。因此，领导力研究和公共部门领导力研究的前景是非常乐观的。从近年来的趋势看，未来的研究有可能从以下若干方面拓展。

（1）对领导学学科体系的多分支学科研究前沿热点进行可视化分析并绘制科学知识图谱，为中国领导学学科的发展和完善提供有益的参考。通过 Citespace 等信息可视化软件与社会网络分析工具，对领导学学科体系的各分支学科进行更为具体的知识领域演进和前沿可视化分析，预测领导学学者研究的基础理论及其分支领域的前沿热点。同时，可以尝试分析中国领导学学科发展的现状和理论研究的发展路径、前沿趋势，并将其与国际领导学研究的热点主题和前沿路径进行比较分析，为中国领导学学科的发展和完善提供意见和建议。此外，在推进公共部门领导力研究的时候，可以重点探讨我国公共部门与私营部门领导力的差异，在未来的研究中可以引入公共部门领导者与企业经理人的样本数据，从领导行为的角度开展比较研究、定性研究和定量研究。最后，可以继续深化研究公共部门领导力在我国的研究现状和热点主题，并结合我国的政府部门管理实践提出公共部门领导力提升的参考意见。

（2）开展对相关学科和交叉学科的创生机理及发展演化趋势的可视化

分析与知识图谱分析，以及在此基础上开展交叉学科的发展的评价研究。领导学是分属于管理学科的重要分支，公共领导学作为领导学研究的新兴领域，具有重要的理论价值和实践价值。在本研究的基础上，可以开展基于信息可视化视角的交叉学科创新和发展研究。具体而言，可以将管理学、公共行政学、政治学等学科结合起来，针对交叉学科的知识类别和聚群，对交叉学科的发展进行分析。同时，还可以将科学知识图谱与信息可视化技术拓展到其他交叉学科的研究之中，分析交叉学科的历史沿革、发展脉络、演进趋势等问题。综合信息计量学、管理学、社会学等知识，来探究和分析交叉学科的发展。

（3）拓宽了 Citespace 等信息可视化软件的应用和分析范围，在进行领导学和公共部门领导力可视化分析的基础上，有助于开展领导管理实践活动的分析研究，进而为公共部门的决策计划、资源配置等提供支持。充分开发 Citespace 等信息计量和可视化软件的功能，在对领导学及公共部门领导力的相关知识进行可视化分析的基础上，结合政府管理实践，将可视化分析延伸到对具体的政府管理活动的分析之中，并为政策制定提供一些参考。

（4）延伸公共部门领导力研究的视域和范围，创新公共部门领导力研究的路径范式。在未来的研究中，可以从五个层面来推进和拓展这一领域的研究主题：一是领导风格的讨论。近年来，组织文化、社会环境越来越被看重，文化、环境对于公共部门领导风格的影响将成为研究的重点，有可能针对不同文化、环境与不同领导风格开展比较实证研究。二是公共部门领导力培养的讨论。受伦理领导、真诚领导、破坏型领导等新理论的影响，未来的公共部门领导力提升计划将不仅重视领导者的技能、知识、目标等，而且有可能越来越强调领导者的道德、诚信、价值观、情感、灵性、信念等要素，后者在公共部门领导力培养中会受到更多的重视。三是领导力有效性及其对绩效影响的讨论。目前的研究主要是理论性的，还缺乏长期的经验观察，未来的研究有可能重视实证性探讨，而领导者的品格、情绪、智力、技能等很可能成为探讨的重要方面。四是公共部门领导力研究的系统化讨论。目前对单一主题的研究存在碎片化现象，未来的整合性研究、集成性研究、专题式研究有可能会增多。例如，互联网背景下，单一领导到网络化领导的权力共享模式及其如何整合垂直和水平的领导，有望成为一个集成性的研究命题。五是研究方法的综合运用讨论。目前，公共部门领导力研究与私营部门领导力研究相比，还有很大差距，未来公共部门领导力研究有可能重视诠释主义、批判主义、实证主义等不同方法论的综合运用，尤其是量化分析、模型分析、模拟分析等实证主义方法的运用。

结　语

综观近二十年来西方公共部门领导力研究的发展全貌，我们发现，不论是在学者群体成长、合作研究发展上，还是热点主题剖析、前沿线索发现上，这个领域的研究都取得了长足进步。尤其是一些把握时代脉搏的创新性研究、应用性研究具有很强的理论意义和实践意义。中国的公共部门领导力研究在全球领域占据一席之地，并且来自中国的相关研究主题也备受关注。然而，由于我国的相关研究起步较晚，在研究力量、研究方法、理论水平、成果应用上还存在明显不足。这些问题不仅影响了我国领导学的研究与学科发展，而且在某种程度上影响了我国经济与社会的发展。

党的十八届三中全会《决定》明确提出，"全面深化改革的总目标是完善和发展中国特色社会主义制度，推进国家治理体系和治理能力现代化""全面深化改革，需要有力的组织保证和人才支撑"。党的十九大进一步提出"建设高素质专业化干部队伍"，为坚持正确选人用人导向、选准用准干部、加强干部队伍建设指明了方向，提供了基本遵循。尤其是，在深入贯彻习近平新时代中国特色社会主义思想和党的十九大精神的指引下，立足于我国社会发展和干部制度改革的现实需求，中共中央出台了《关于进一步激励广大干部新时代新担当新作为的意见》，必然能够充分调动和激发干部队伍的积极性、主动性和创造性，激励广大干部在新时代担当新使命、展现新作为，努力创造属于新时代的光辉业绩。

公共部门领导力研究与我国的干部人事制度改革、人才强国战略乃至全面深化改革战略等密切相关、关系重大。深化干部人事制度改革，说到底就是要致力于形成科学的选拔、集聚人才的体制、制度和机制，形成群贤毕至、人才辈出的生动局面。高水平的公共部门领导力研究有利于发现公共机构领导人才的成长规律，有利于培养具有现代素质和能力的领导干部，从而有利于促进我国干部队伍建设，为国家治理体系和治理能力现代化提供有力的人才支撑。因此，我国应大力加强公共部门领导力研究，增加公共部门领导力的研究投入，提高公共部门领导力的研究水平，积极运用公共部门领导力研究的优秀成果，为国家全面深化改革总目标的实现做出应有的贡献。

附　录

附录 1　真诚型领导与真诚型追随者框架图

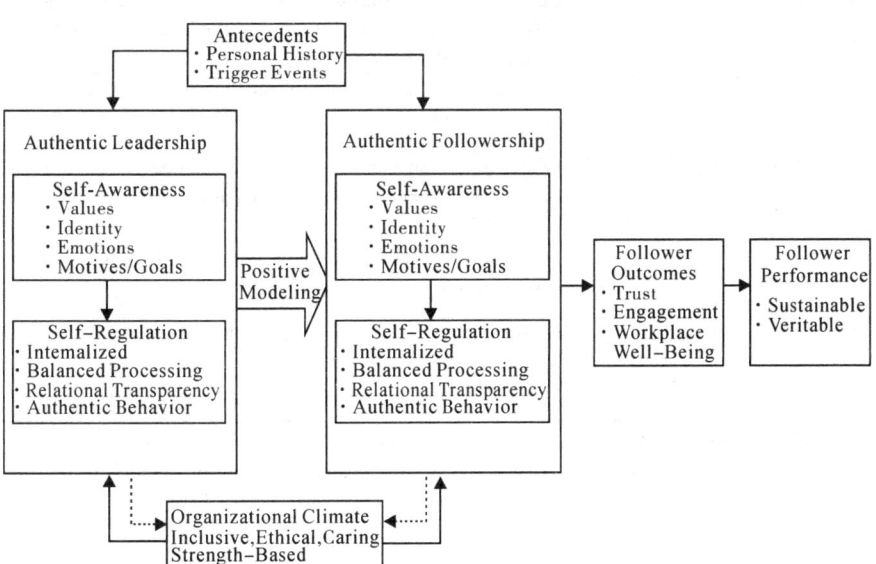

资料来源：Gardner W L, Avolio B J, Luthans F, et al. "Can you see the real me?" A Self-based Model of Authentic Leader and Follower Development [J]. Leadership Quarterly, 2005, 16 (3): 0-372.

附录2 领导力测评维度表

Subdimension	Leadership items
Vision	1. Has a clear understanding of where we are going 2. Has a clear sense of where he/she wants our unit to be in 5 years 3. Has no idea where the organization is going (R) a
Inspirational communication	1. Says things that make employees proud to be a part of this organization 2. Says positive things about the work unit 3. Encourages people to see changing environments as situations full of opportunities
Intellectual stimulation	1. Challenges me to think about old problems in new ways 2. Has ideas that have forced me to rethink some things that I have never questioned before 3. Has challenged me to rethink some of my basic assumptions about my work
Supportive leadership	1. Considers my personal feelings before acting 2. Behaves in a manner which is thoughtful of my personal needs 3. Sees that the interests of employees are given due consideration
Personal recognition	1. Commends me when I do a better than average job 2. Acknowledges improvement in my quality of work 3. Personally compliments me when I do outstanding work

a (R) indicates that the item was reverse-scored.

资料来源：Rafferty A E, Griffin M A. Dimensions of transformational leadership: Conceptual and empirical extensions[J]. Leadership Quarterly, 2004, 15 (3): 0-354.

附录3 破坏型领导测量模型

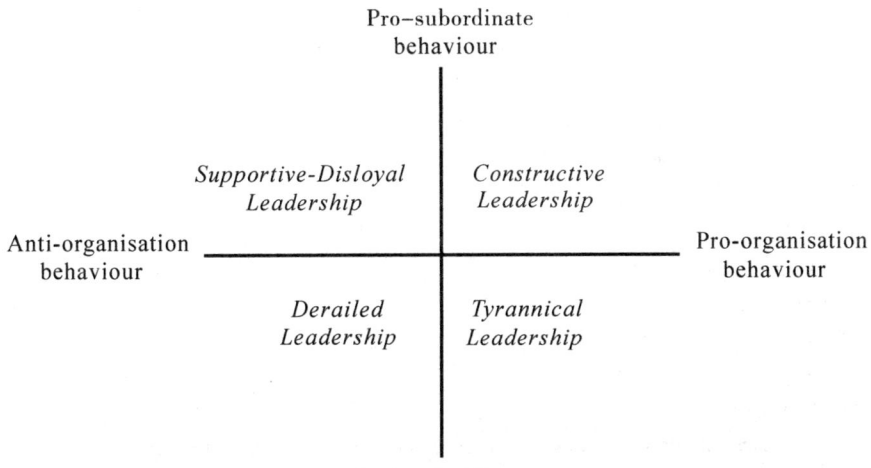

资料来源:Stale Einarsen, Aasland M S, and Skogstad A. Destructive Leadership Behaviour: A Definition and Conceptual model[J]. Leadership Quarterly, 2007, 18 (3): 207-216.

附录 4　公共领导绩效信息表

The scale is an index derived of a content analysis of statewide strategic plan and performance reports, the state budget, and a sample of common state departmental/agency functions (corrections, education, and transportation). The content analysis is based on the following items:

Statewide mission/vision statement

Agency mission statement

Core values

Medium-/long-term goals

Short-term goals

Specific performance measures

Quantified performance targets

Clarity of goals

Level of responsibility linked to goal: agency, subdepartmental unit, program, named manager

Level of goals in plans: government-wide aspirational, cross-functional, agency level, program level, individual employee, implementation strategies

Level of performance measures in plans: government-wide aspirational, cross-functional, agency level, program level, individual employee, implementation strategies

Cronbach's α: .9076 Percentage pairwise agreement: .83.13

资料来源: Donald P. Moynihan. Patricia Wallace Ingraham. Integrative Leadership in the Public Sector: A Model of Performance-Information Use [J]. Administration & Society. 2004, 29 (6): 426-453.

参考文献

一、期刊

1. Hunt J G. Transformational/charismatic leadership'stranformation of the field: An historical essay[J]. The Leadership Quarterly, 1999, 10 (2): 129-144.

2. Avolio B J, Bass B M. Individual consideration viewed at multiple levels of analysis: A multi-level framework for examining the diffusion of transformational leadership[J]. The Leadership Quarterly, 1995, 6 (2): 199-218.

3. Popper M, Mayseless O, Castelnovo O. Transformational leadership and attachment[J]. The Leadership Quarterly, 2000, 11 (2): 267-289.

4. Dorfman P W, Howell J P, Hibino S, et al. Leadership in Western and Asian countries: Commonalities and differences in effective leadership processes across cultures[J]. The Leadership Quarterly, 1997, 8 (3): 233-274.

5. Eagly A H, Johannesen-Schmidt M C. The leadership styles of women and men[J]. Journal of social issues, 2001, 57 (4): 781-797.

6. Waldman D A, Javidan M, Varella P. Charismatic leadership at the strategic level: A new application of upper echelons theory[J]. The Leadership Quarterly, 2004, 15 (3): 355-380.

7. Rafferty A E, Griffin M A. Dimensions of transformational leadership: Conceptual and empirical extensions[J]. The Leadership Quarterly, 2004, 15 (3): 329-354.

8. Scandura T, Dorfman P. Leadership research in an international and cross-cultural context[J]. The Leadership Quarterly, 2004, 15 (2): 277-307.

9. Elkins T, Keller R T. Leadership in research and development organizations: A literature review and conceptual framework[J]. The Leadership

Quarterly, 2003, 14 (4-5): 587-606.

10. Shamir B, Eilam G. "What's your story?" A life-stories approach to authentic leadership development[J]. The Leadership Quarterly, 2005, 16 (3): 395-417.

11. Spillane J P, Halverson R, Diamond J B. Towards a theory of leadership practice: A distributed perspective[J]. Journal of Curriculum Studies, 2004, 36 (1): 3-34.

12. Howell J M, Neufeld D J, Avolio B J. Examining the relationship of leadership and physical distance with business unit performance[J]. The Leadership Quarterly, 2005, 16 (2): 273-285.

13. Van Dyne L, Kamdar D, Joireman J. In-role perceptions buffer the negative impact of low LMX on helping and enhance the positive impact of high LMX on voice[J]. Journal of Applied Psychology, 2008, 93 (6): 1195.

14. Vinkenburg C J, Van Engen M L, Eagly A H, et al. An exploration of stereotypical beliefs about leadership styles: Is transformational leadership a route to women's promotion?[J]. The Leadership Quarterly, 2011, 22 (1): 10-21.

15. Černe M, Jaklič M, Škerlavaj M. Authentic leadership, creativity, and innovation: A multilevel perspective[J]. Leadership, 2013, 9 (1): 63-85.

16. Carson J B, Tesluk P E, Marrone J A. Shared leadership in teams: An investigation of antecedent conditions and performance[J]. Academy of Management Journal, 2007, 50 (5): 1217-1234.

17. Fernandez S, Cho Y J, Perry J L. Exploring the link between integrated leadership and public sector performance[J]. The Leadership Quarterly, 2010, 21 (2): 308-323.

18. Krasikova D V, Green S G, LeBreton J M. Destructive leadership: A theoretical review, integration, and future research agenda[J]. Journal of Management, 2013, 39 (5): 1308-1338.

19. Borins S. Leadership and innovation in the public sector[J]. Leadership & Organization Development Journal, 2002, 23 (8): 467-476.

20. Bligh M C, Kohles J C, Pillai R. Romancing leadership: Past, present, and future[J]. The Leadership Quarterly, 2011, 22 (6): 1058-1077.

21. Barker P. The cognitive structure of scientific revolutions [J]. Erkenntnis, 2011, 75 (3): 445-465.

22. Humborstad S I W, Kuvaas B. Mutuality in leader-subordinate empowerment expectation: Its impact on role ambiguity and intrinsic motivation [J]. The Leadership Quarterly, 2013, 24 (2): 363-377.

23. Burke C S, Stagl K C, Klein C, et al. What type of leadership behaviors are functional in teams? A meta-analysis [J]. The Leadership Quarterly, 2006, 17 (3): 288-307.

24. Hinkin T R, Schriesheim C A. A theoretical and empirical examination of the transactional and non-leadership dimensions of the Multifactor Leadership Questionnaire (MLQ) [J]. The Leadership Quarterly, 2008, 19 (5): 501-513.

25. Gibney J, Copeland S, Murie A. Toward anew'strategic leadership of place for the knowledge-based economy [J]. Leadership, 2009, 5 (1): 5-23.

26. Row S. Women (and men) in leadership roles: Building a new yellow-brick road [J]. Ite Journal-Institute of Transportation Engineers, 2013, 83 (8): 32-34.

27. Orazi D C, Turrini A, Valotti G. Public sector leadership: new perspectives for research and practice [J]. International Review of Administrative Sciences, 2013, 79 (3): 486-504.

28. Stone M M, Hager M A, Griffin J J. Organizational characteristics and funding environments: A study of a population of United Way-affiliated nonprofits [J]. Public Administration Review, 2001, 61 (3): 276-289.

29. Wart M V. Public-Sector leadership theory: An assessment [J]. Public administration review, 2003, 63 (2): 214-228.

30. Pearce C L, Sims Jr H P. Vertical versus shared leadership as predictors of the effectiveness of change management teams: An examination of aversive, directive, transactional, transformational, and empowering leader behaviors [J]. Group dynamics: Theory, research, and practice, 2002, 6 (2): 172.

31. Orvis K A, Ratwani K L. Leader self-development: A contemporary context for leader development evaluation [J]. The Leadership Quarterly, 2010, 21 (4): 657-674.

32. Black J A, Oliver R L, Howell J P, et al. A dynamic system simulation of leader and group effects on context for learning[J]. The Leadership Quarterly, 2006, 17 (1): 39-56.

33. Boies K, Howell J M. Leader-member exchange in teams: An examination of the interaction between relationship differentiation and mean LMX in explaining team-level outcomes[J]. The Leadership Quarterly, 2006, 17 (3): 246-257.

34. Harvey P, Stoner J, Hochwarter W, et al. Coping with abusive supervision: The neutralizing effects of ingratiation and positive affect on negative employee outcomes[J]. The Leadership Quarterly, 2007, 18 (3): 264-280.

35. Padilla A, Hogan R, Kaiser R B. The toxic triangle: Destructive leaders, susceptible followers, and conducive environments[J]. The Leadership Quarterly, 2007, 18 (3): 176-194.

36. Einarsen S, Aasland M S, Skogstad A. Destructive leadership behaviour: A definition and conceptual model[J]. The Leadership Quarterly, 2007, 18 (3): 207-216.

37. Boyd N G, Taylor RR. A developmental approach to the examination of friendship in leader-follower relationships[J]. The Leadership Quarterly, 1998, 9 (1): 1-25.

38. Stam D, van Knippenberg D, Wisse B. Focusing on followers: The role of regulatory focus and possible selves in visionary leadership[J]. The Leadership Quarterly, 2010, 21 (3): 457-468.

39. Whiteley P, Sy T, Johnson S K. Leaders' conceptions of followers: Implications for naturally occurring Pygmalion effects[J]. The Leadership Quarterly, 2012, 23 (5): 822-834.

40. Wright B E, Pandey S K. Transformational leadership in the public sector: Does structurematter?[J]. Journal of public administration research and theory, 2009, 20 (1): 75-89.

41. Sun P Y T, Anderson M H. Civic capacity: Building on transformational leadership to explain successful integrative public leadership[J]. The Leadership Quarterly, 2012, 23 (3): 309-323.

42. Voegtlin C. Development of a scale measuring discursive responsible

leadership[M] // Responsible Leadership. Springer, Dordrecht, 2011: 57-73.

43. Stone-Johnson C. Responsible leadership[J]. Educational Administration Quarterly, 2014, 50 (4): 645-674.

44. Waldman D A, Balven R M. Responsible leadership: Theoretical issues and research directions[J]. Academy of Management Perspectives, 2014, 28 (3): 224-234.

45. Pless N, Maak T. Responsible Leadership: Pathways to the Future[J]. Journal of Business Ethics, 2011, 98 (1): 3-13.

46. Miska C, Hilbe C, Mayer S. Reconciling different views on responsible leadership: A rationality-based approach[J]. Journal of Business Ethics, 2014, 125 (2): 349-360.

47. Voegtlin C. What does it mean to be responsible? Addressing the missing responsibility dimension in ethical leadership research[J]. Leadership, 2016, 12 (5): 581-608.

48. Doh J P, Quigley N R. Responsible leadership and stakeholder management: Influence pathways and organizational outcomes[J]. Academy of Management Perspectives, 2014, 28 (3): 255-274.

49. Bozeman B, Su X. Public service motivation concepts and theory: A critique[J]. Public Administration Review, 2015, 75 (5): 700-710.

50. Kim S. Comparison of a multidimensional to a unidimensional measure of public service motivation: Predicting work attitudes[J]. International Journal of Public Administration, 2017, 40 (6): 504-515.

51. Noori R, Alias M, Rosdi I. Understanding the Drivers for Innovative Work Behavior in Malaysian SMEs[C] // ICIE 2017-Proceedings of the 5th International Conference on Innovation and Entrepreneurship. Academic Conferences and publishing limited, 2017: 110.

52. Bani-Melhem S, Zeffane R, Albaity M. Determinants of employees' innovative behavior [J]. International Journal of Contemporary Hospitality Management, 2018, 30 (3): 1601-1620.

53. Solhi S, Rahmanian Koshkaki E. The antecedents of entrepreneurial innovative behavior in developing countries, a networked grounded theory approach (case study Iran) [J]. Journal of Entrepreneurship in Emerging

Economies, 2016, 8 (2): 225-262.

54. Škudienė V, Augutytė-Kvedaravičienė I, Demeško N, et al. Exploring the relationship between innovative work behavior and leadership: moderating effect of locus of control[J]. Organizations and Markets in Emerging Economies, 2018, 9 (1): 21-40.

55. 李锐, 凌文辁. 变革型领导的理论与研究述评[J]. 科学管理研究, 2007, 25 (6): 85-88.

56. 刘兰芬. 当代西方领导学研究走向探要[J]. 领导科学, 2003 (17): 42-43.

57. 王雪峰. 构建领导学一级学科的探讨[J]. 领导科学, 2011 (17): 12-14.

58. 李雷, 杨怀珍. 领导定义演化进程的综述、评价与展望[J]. 科技管理研究, 2011, 31 (5): 225-228.

59. 文茂伟. 西方新领导理论：兴起、发展与趋向[J]. 社会科学, 2007 (7): 98-111.

60. 杜娟. 西方领导研究百年回顾与展望[J]. 行政论坛, 2005 (3): 78-82.

61. 马佳铮. 西方公共部门领导力研究述评[J]. 北京行政学院学报, 2011 (1): 52-56.

62. 杜娟, 米加宁. 西方领导学研究回顾与前瞻[J]. 哈尔滨工业大学学报 (社会科学版), 2005, 7 (4): 61-64.

63. 孟建平, 霍国庆. 领导理论丛林与领导学科的发展[J]. 科学学与科学技术管理, 2008, 29 (3): 160-166.

64. 杜娟, 李汉铃, 米加宁. 西方领导研究百年回顾与展望[J]. 北京行政学院学报, 2005 (5): 78-82.

65. 姜昭. 国外领导理论的研究缺憾及其发展趋向[J]. 中国科技论坛, 2011 (4): 156-160.

66. 杜娟, 刘兰芬. 中国领导科学研究综述[J]. 理论探讨, 2009 (2): 158-161.

67. 于洪生. 互通与共融：全球化时代的中国领导学研究[J]. 中国行政管理, 2007 (9): 78-81.

68. 应国良. 与时俱进：公共领域的领导发展——从行政领导到公共领

导[J].中山大学学报（社会科学版），2003，43（6）：51-54.

69. 王乐夫.论公共领导——兼议公共领导与公共管理的关系及其研究意义[J].管理世界，2003（12）.

70. 聂勇浩，颜海娜.公共部门领导研究的现状与趋向[J].广东行政学院学报，2011，23（5）：39-42.

71. 常东旭，王续琨.公共领导学初创期元问题探析[J].领导科学，2011（a09）：14-16.

72. 陈悦，刘则渊.悄然兴起的科学知识图谱[J].科学学研究，2005，23（2）：149-154.

73. 马费成，张勤.国内外知识管理研究热点——基于词频的统计分析[J].情报学报，2006，25（2）：163-171.

74. 郭亿馨，苏勇.责任型领导概念结构与量表[J].技术经济，2017，36（10）：77-83.

75. 小约瑟夫·巴达拉克.不确定时代的责任型领导力[J].商学院，2016（8）：117-117.

76. 古银华，卿涛，杨付，等.包容型领导对下属创造力的双刃剑效应[J].管理科学，2017，30（1）：119-130.

77. 肖贵蓉，赵衍俊.伦理型领导与员工离职倾向：领导——成员交换的中介作用[J].科学学与科学技术管理，2017，38（3）：160-171.

78. 赵砚，宋夏云.整合型领导力对组织创新绩效影响研究[J].中国领导科学，2017（6）：34-38.

79. 陈国权.领导和管理的时空理论[J].中国管理科学，2017，25（1）：181-196.

二、专著

1. 彼得·诺思豪斯，吴爱洲等译.领导学：理论与实践[M].南京：江苏教育出版社，2002.

2. 陈小平.中国公共部门领导力素质模型实证研究[M].北京：中国人事出版社，2011.

3. 王续琨.公共领导学教程[M].大连：大连理工大学出版社，2010.

4. 王乐夫.领导学：理论、实践与方法[M].北京：高等教育出版社，2006.

5. 邱霈恩. 领导学[M]. 北京：中国人民大学出版社，2011.

6. 常健. 公共领导学[M]. 天津：天津大学出版社，2009.

7. 刘则渊，陈悦，侯海燕等. 科学知识图谱：方法与应用[M]. 北京：人民出版社，2008.

8. 王续琨等. 管理科学学科演进论[M]. 北京：人民出版社，2012.

9. 小约瑟夫·巴达拉克著，孙莹莹译. 伟大的挣扎：不确定时代的责任型领导力[M]. 杭州：浙江人民出版社，2016.

10. 理查德 L. 哈格斯，罗伯特 C. 吉纳特，戈登 J. 柯菲等著，朱舟译. 领导学：在实践中提升领导力[M]. 北京：机械工业出版社，2016.

11. 翟云. 智慧治理："互联网+"时代的政府治理创新[M]. 北京：国家行政学院出版社，2016.